WESTEND

BERND HONTSCHIK

Heile und Herrsche!

Eine gesundheitspolitische Tragödie

WESTEND

Mehr über unsere Autoren und Bücher:
www.westendverlag.de

Die Deutsche Nationalbibliothek verzeichnet diese
Publikation in der Deutschen Nationalbibliografie;
detaillierte bibliografische Daten sind im Internet über
http://dnb.d-nb.de abrufbar.

Das Werk einschließlich aller seiner Teile ist urheberrechtlich
geschützt. Jede Verwertung ist ohne Zustimmung des Verlags
unzulässig. Das gilt insbesondere für Vervielfältigungen,
Übersetzungen, Mikroverfilmungen und die Einspeicherung
und Verarbeitung in elektronischen Systemen.

2. Auflage
ISBN 978-3-86489-358-2
© Westend Verlag GmbH, Frankfurt/Main 2022
Umschlaggestaltung: Buchgut, Berlin
Satz: Publikations Atelier, Dreieich
Druck und Bindung: CPI – Clausen & Bosse, Leck
Printed in Germany

Wenn man das Gesundheitswesen verstehen wollte,
musste man der Spur des Geldes folgen.
Bisher.
Inzwischen kommt die Spur der Macht hinzu.

Inhalt

1 Worum es geht 9

2 Geld 15
   Von Hammurabi I. zu Friedrich II. 16
   Neuzeit 20
   Bezahlsysteme 21
   Pay for Performance 23

3 Krankenkassen 33
   Das Solidaritätsprinzip 34
   Die Frage der Schuld 37
   Das »duale« System 40
   Andere Länder 42
   Sozial ist vorteilhaft 49
   Fonds und Kassen 51

4 Krankenhäuser 57
   Der erste Schritt:
   Das Krankenhausfinanzierungsgesetz 57
   Der zweite Schritt:
   Das Selbstkostendeckungsprinzip 60
   Der dritte Schritt: DRG und CMI 61
   Verzweiflungsverkäufe 66
   Sozialsystem oder Wirtschaftszweig 69
   Medizinische Versorgungszentren 70
   Alles in einer Hand 72

5 Gier ... 73
Contergan ... 75
Bayer – Glyphosat und Aliqopa ... 76
Die Babypuder-Insolvenz ... 77
Purdue und Oxycodon ... 79
Lucentis und Avastin ... 80
Goldman sucks ... 82
Corona hat alles verändert ... 84
Die Impfgewinnler ... 86
Positivliste ... 90

6 Digitales ... 93
Smart ... 97
Abwasser ... 101
Vorbild China ... 104
Datenschutz: nur für Gesunde ... 107
Blockchain ... 110

7 Medizin als Herrschaftsinstrument ... 115
Märchen ... 116
Medizin, neu gelernt ... 117
Körper und Seelen ... 118
Oxymoron ... 121
Missbrauch ... 123
Infektionsschutzgesetze ... 125
Wissenschaft ... 126
Gesundheitsherrschaft ... 129

8 Wie könnte das Gesundheitswesen der Zukunft aussehen? ... 133

9 Wo kann ich mitmachen? ... 136

Anmerkungen ... 138

1 Worum es geht

Vor drei Jahren hatte ich mich entschlossen, ein Buch zu schreiben. Mit ihm wollte ich zeigen, dass der Mensch keine Maschine ist, dass die Medizin als profitables Geschäftsmodell dabei ist, ihre Seele zu verlieren, und dass man gegen Krankheiten keinen Krieg führen kann. Ich war zunehmend empört über eine Gesundheitspolitik, die wie am Fließband ständig neue Gesetze mit immer neuen Fantasienamen produzierte, um die Umgestaltung des Gesundheitswesens zu einer renditeorientierten und digitalisierten Gesundheitswirtschaft zu beschleunigen.

Im Kommunistischen Manifest schrieben Karl Marx und Friedrich Engels schon 1848: »Das Bedürfnis nach einem stets ausgedehnteren Absatz für ihre Produkte jagt die Bourgeoisie über die ganze Erdkugel. Überall muß sie sich einnisten, überall anbauen, überall Verbindungen herstellen.« Diese Beschreibung des Prozesses der Kapitalexpansion als Ausbreitung »über die ganze Erdkugel« wird in heutigen Analysen der Globalisierung und des Imperialismus häufig herangezogen, um Marx und Engels fast hellseherische Fähigkeiten zuzuschreiben. Sie schrieben damals weiter: »Die Bourgeoisie hat durch die Exploitation des Weltmarkts die Produktion und Konsumtion aller Länder kosmopolitisch gestaltet. Sie hat ... den nationalen Boden der Industrie unter den Füßen weggezogen. Die uralten nationalen Industrien sind vernichtet worden und werden noch täglich vernichtet. Sie werden verdrängt durch neue Industrien, ... die nicht mehr einheimische Rohstoffe, sondern den entlegensten Zonen angehörige Rohstoffe verarbeiten und deren Fabrikate nicht nur im Lande selbst, sondern in allen Weltteilen zugleich verbraucht werden. ... An die Stelle der alten lokalen und nationalen Selbstgenügsamkeit und Abgeschlossenheit tritt ein allseitiger Verkehr, eine allseitige Abhängigkeit der Nationen voneinander.«[1]

Neben der Globalisierung gibt es jedoch noch einen anderen wichtigen Weg der Kapitalexpansion. Während die Globalisierung als externe, als zentrifugale Expansion beschrieben werden kann, so geschieht – zeitgleich – eine nach innen gerichtete, eine zentripetale Expansion, bei der immer mehr Bereiche der wirtschaftlichen und sozialen Aktivitäten innerhalb eines Landes unter die Kontrolle des Kapitals gebracht werden. Diesen Prozess bezeichnet man beschönigend als »Privatisierung«. Er bedeutet aber nichts anderes als die Expansion kapitalistischer Produktions- und Distributionsmethoden in bislang staatliche, öffentliche oder gemeinnützige Tätigkeiten hinein. Diese Kapitalexpansion ist im Bildungswesen zu erkennen, wo sich in den letzten Jahrzehnten gewinnorientierte Universitäten und Privatschulen ausgebreitet haben. Sie ist zum Beispiel auch in der Auslagerung der Verwaltung von Sozialhilfeprogrammen an private Firmen zu erkennen, sogar privatwirtschaftlich geführte Gefängnisse gibt es schon. Diese Veränderungen sind im Einzelfall sehr unterschiedlich. Allen gemeinsam ist aber eine umgehende Verschlechterung der Bezahlung, der Arbeitszeiten und der Personalplanung. Oder um es noch einmal mit Marx und Engels zu sagen: »Die Bourgeoisie hat alle bisher ehrwürdigen und mit frommer Scheu betrachteten Tätigkeiten ihres Heiligenscheins entkleidet. Sie hat den Arzt, den Juristen, den Pfaffen, den Poeten, den Mann der Wissenschaft in ihre bezahlten Lohnarbeiter verwandelt.«[2]

Die Privatisierung als Destruktionsprozess ist an den Veränderungen des Gesundheitswesens, wie sie hierzulande in den letzten drei bis vier Jahrzehnten geschehen sind, am deutlichsten zu erkennen. Diese Destruktion geschieht in ganz kleinen, fast unmerklichen Schritten, weswegen sie in der Öffentlichkeit kaum zu erkennen ist. Aber sie geht immer in die gleiche Richtung, das ist das Gefährliche daran. Die Protagonisten sagen unaufhörlich, sie sei alternativlos. Die Digitalisierung zum Beispiel sei alternativlos, aber verschwiegen wird, welche Art von Digitalisierung hier erzwungen wird – als ob es nur eine Art gäbe. Die Privatisierung sei alternativlos, weil nur der Markt für bessere Zustände sorgen könne, aber verschwiegen wird, für wen diese besseren Zustände gedacht sind. Und die Kommerzialisierung sei alternativlos, da dringend neues Kapital im Gesundheitswesen gebraucht würde. Verschwiegen wird, dass der katastrophale Mangel an Investivkapital allein darauf beruht, dass ausnahmslos alle Bundesländer seit Jahren und zunehmend ihrem gesetzlichen Auftrag nicht nachkommen, die Krankenhäuser in ihrem Bestand ausreichend zu finanzieren. Verschwiegen wird, dass das Gesundheitswesen mit diesem neuen Kapital nicht mehr dasselbe ist, sondern automatisch zu einem Teil des Wirtschaftssystems wird.

Das Gesundheitswesen war bislang ein Teil unseres Sozialsystems. Die Sozialgesetze, nach denen es funktioniert hat und zum Teil immer noch funktioniert, sind zum großen Teil über 120 Jahre alt. Vor wenigen Jahrzehnten erst setzte die scheibchenweise Deformation ein, sozusagen eine Art kleinschrittiger Entdeckung des Gesundheitswesens durch den Kapitalismus, die zentripetale Expansion. Aus dem Gesundheitswesen wird die Gesundheitswirtschaft.

Im Zuge der Bekämpfung der Corona-Pandemie ist nach dem Übergang vom Gesundheitswesen zur Gesundheitswirtschaft jedoch ein weiterer großer Schritt vollzogen worden: Dem Gesundheitswesen wurde eine politische Aufgabe zugeordnet, um es zur Ausübung politischer Macht zu gebrauchen. Die hat inzwischen eine neue Dimension erreicht, eine Dimension, die man bisher nur aus mehr oder weniger hellsichtigen Science-Fiction-Romanen kannte. Im Zeichen der Corona-Pandemie wurden sämtliche ehernen Grundsätze des Gesundheitswesens und der Humanmedizin gebrochen. Die »Überlastung unseres Gesundheitswesens« als Horrorvision wurde zur »alternativlosen« Begründung für einschneidende Maßnahmen in jeden Alltag, von der Kinderkrippe bis zum Altersheim. Grenzen wurden geschlossen. Die Wohnung wurde zum abgeschotteten Ort der Berufsausübung, der Arbeit, des Kindergartens, der Schule und des Privatlebens gleichzeitig – kein Entrinnen. Und die Wissenschaft erlebte ihr Waterloo, besonders die medizinische, indem ihre Aussagen je nach Bedarf richtig oder falsch zitiert, hervorgehoben oder verschwiegen wurden. Ein Diskurs fand und findet nicht mehr statt. Alles andere als der Lockdown konnte nicht mehr begründet, geschweige denn diskutiert werden. Atemmasken waren anfangs schädlich, dann sinnlos, plötzlich Mangelware, aber dann überall vorgeschrieben. Darüber entschieden haben Politiker:innen. Nicht genehme Wissenschaftler:innen und Berater:innen wurden aus Gremien ausgeschlossen und nicht mehr angehört. Damit hatten sie auch jede weitere Teilnahme an der medialen Kakophonie verwirkt, insbesondere an Talkshows, wo Abend für Abend fast immer die gleichen Gäste ihre fast immer gleiche apokalyptische Botschaft verkünden konnten. Die neuen Impfstoffe, die schon ein Jahr nach Ausbruch der Corona-Pandemie zur Zulassung bereitstanden, wurden von der einzig qualifizierten Ständigen Impfkommission nicht mit der üblichen Ruhe und Sorgfalt beurteilt und geplant, sondern es kam unter ungeheurem Druck von Politiker:innen zu sogenannten Notfallzulassungen – ein bislang nicht bekannter Begriff. Das funktionierende System der niedergelassenen Ärzte wurde monatelang von der Pandemiebekämpfung komplett ausgeschlossen, stattdessen wurden riesige Impfzentren aus dem Boden gestampft, wodurch erstmals zentrale Erfassungskonzepte erprobt und eingeübt werden konnten. Die Pandemie wurde mit manipulierten Infektionsregistern plötzlich zu einer Pandemie der Ungeimpften erklärt, auch wenn die Impfungen nicht hielten, was sie versprochen hatten und ständiger Auffrischungen bedurften. Impfpflicht, Impfzwang und ein bevorstehendes nationales Impfregister waren die allerersten Themen. Dass die stümperhafte Digitalisierung in Deutschland bis heute eine Erfassung der wirklich wichtigen Pandemie-Daten verhindert, ist nur noch ein Nebenschauplatz, wenn auch ein blamabler. Ein Infektionsschutzgesetz nach dem anderen ersetzte das vormalige Bundesseuchengesetz. Es wurde in raschem Rhythmus mehrfach immer wieder modifiziert, sprich: verschärft, insbesondere hinsichtlich der »Ermächtigungen« der Exekutive, die monatelang die Alleinherrschaft übernahm, und dies – das ist das eigentlich Neue – konnte sie nur mit Hilfe der Medizin. Legislative und Judikative hatten für längere Zeit abgedankt.

Deswegen genügt es nicht mehr nur, den schon weit beschrittenen Weg vom Gesundheitswesen zur Gesundheitswirtschaft kritisch zu beschreiben, sondern der nächste, um ein Vielfaches bedrohlichere Schritt von der Gesundheitswirtschaft zur Gesundheitsherrschaft ist längst und unbemerkt Realität geworden. Er kann nicht mehr ignoriert werden. Oder wie Heribert Prantl sagt: »Aus dem Ausnahmezustand wird ein Normalzustand, aus den Notregeln werden Normalregeln. Das ist unnormal, unstatthaft und gesellschaftsschädlich.«[3]

2 Geld

Wahrscheinlich gibt es Ärzte, Heilkundige oder heilkundige Priester, seit es Menschen gibt, denn seit es Menschen gibt, werden sie auch krank. In längst vergangenen Zeiten bestand in den meisten uns bekannten Hochkulturen eine Personalidentität zwischen Priester und Arzt, denn Gesundheit und Krankheit waren gottgegeben. In unseren heutigen Zeiten glaubt eigentlich fast niemand mehr, dass Krankheit und Gesundheit gottgegeben sind. Vielmehr sind es hochqualifizierte Ärzte, an die wir die Zuständigkeit und Verantwortung für unsere Gesundheit abgegeben haben, und sie bewegen sich dabei in hochkomplexen Sozialsystemen, in diesem Fall also in den Gesundheitswesen, um ihrem Auftrag nachkommen zu können. Diese Gesundheitswesen verstehen selbst Eingeweihte kaum noch bis ins Detail, denn sie werden seit Jahren und Jahrzehnten in immer höherer Frequenz mit immer neuen sogenannten Gesundheitsreformen modifiziert. »Gesundheitsreform« gehörte daher zu den Lieblingswörtern von Loriot: »Denn Gesundheit soll dabei ja nicht reformiert werden, soweit ich das beurteilen kann.«[1]

Von Hammurabi I. zu Friedrich II.

Erste schriftliche Erwähnungen von Belohnungen ärztlicher Tätigkeit stammen aus dem 3. Jahrtausend v. u. Z. aus Mesopotamien.[2] Dort gab es ein Bezahlsystem für operative Eingriffe, niedergelegt im Codex Hammurabi, das je nach Schweregrad fürstliche Honorare versprach, bei Versagen der Behandlung aber eine erhebliche Geldbuße vorsah, im schlimmsten Fall sogar das Abhacken der Hand. Die nicht operativ tätigen Priesterärzte waren Beamte des Königs, bezogen ein festes Gehalt und waren den Kranken gegenüber zur unentgeltlichen Berufsausübung verpflichtet. Von den Kranken wurden allenfalls Weihegaben erwartet, die sie im Tempel zu opfern hatten. Interessant an der Vergütung für operative Eingriffe ist, dass diese sich nicht nur nach der Art des Eingriffs, sondern auch nach dem sozialen Stand des Kranken richtete: Wenn der Eingriff bei einem vornehmen Bürger zehn Sekel einbrachte, so konnte man bei einem Freigelassenen nur fünf Sekel, bei einem Sklaven nur zwei Sekel in Rechnung stellen (zum Vergleich: Die Jahresmiete eines guten Stadthauses betrug fünf Sekel). Dieses soziale Prinzip findet sich auch bei den Strafen: Ein durch eine ärztliche Maßnahme getöteter Sklave musste durch einen anderen Sklaven ersetzt werden, der Tod eines vornehmen Bürgers führte zum Abhacken der Hand.

Im alten Ägypten waren die Ärzte in eine strenge Rangordnung eingeteilt. Am unteren Ende befand sich der »Arzt ohne besondere Attribute«, über viele Stufen stand an der Spitze der »Größte Arzt von Unter- und Oberägypten«. Die besten Ärzte arbeiteten bei den Mächtigsten des Landes, während den Arbeitern bei den Pyramiden immerhin noch »Werksärzte« zugeteilt waren. Ärzte der Pharaonen konnten sehr reich werden und hatten ein Schiff auf dem Nil, die Werksärzte wurden hingegen in Naturalien bezahlt, so wie auch die Arbeiter, die sie betreuten. In den Tempeln gab es Priesterärzte, welche die Behandlungen von Kranken, die nicht zu einem Haushalt mit Arzt gehörten, unentgeltlich vornahmen. Dies wurde mit Opfergaben im Tempel »honoriert«. Im frühen Persien war die Bezahlung der Ärzte ganz und gar »sozial« geregelt und bis ins Detail ausgeklügelt: Einen Hausherrn zu heilen, kostete ein Großvieh von geringer Größe, einen Gauherrn zu heilen, ein Großvieh mittlerer Größe, bei einem Landesherrn war ein mit vier Stück Großvieh bespannter Wagen fällig, die Heilung der Frau eines Hausherrn kostete einen Esel, bei der Frau des Dorfherrn war ein weibliches Rind fällig, bei der Frau des Gauherrn eine Rossstute und bei der Frau des Landesherrn eine Kamelstute. Auch die Bezahlung der Heilung von Vieh und Schafen wurde im gleichen »Gesetzbuch des Vendidad« geregelt.

Im alten Griechenland waren die Ärzte öffentlich angestellt, mussten daher die Armen umsonst kurieren. Die Gemeinden erhoben eine spezielle Arztsteuer, mit der die Gehälter der Ärzte, meistens auch deren Einrichtungen, finanziert wurden, was schon die Idee eines versicherungsartigen Umlagesystems enthält. Begüterte Patienten mussten zahlen, aber über die Höhe ist nichts überliefert.

Hippokrates rät zur Mäßigung bei der ärztlichen Honorarforderung, zur Rücksichtnahme auf Vermögen und Einkommen des Kranken, aber auch zur Vorkasse, denn die Ärzte mussten die Arznei selbst herstellen. Bei den Goten verfiel der Honoraranspruch bei Tod des Kranken, bei Fehlern des Arztes gab es Geldbußen. Bei Tod eines Unfreien musste der Arzt diesen ersetzen, bei Tod eines Freien war der Arzt der Blutrache der Angehörigen ausgeliefert. Im alten Rom waren die Ärzte zunächst überwiegend Sklaven und Eigentum ihrer Herrschaft, für die sie ohne Bezahlung arbeiten mussten. Später dann wurde die Medizin zu einer »freien Kunst«, und Künstlern stand nach römischem Recht keine Bezahlung zu (!). Kranke zahlten freiwillig nach ihrem Gutdünken ein »Honorar«. Der Gesundete gab seinem Arzt also nach seinem freien Ermessen eine Art Geschenk. Auch als zu späterer Zeit Mindesttaxen eingeführt wurden, waren sie dennoch so niedrig, dass sich mit der Zeit eine Art ärztliches Proletariat herausbildete, während es einigen wenigen Ärzten gelang, durch besondere Heilungen bei mächtigen und reichen Bürgern und geschickte Werbung berühmt zu werden, sodass sie, meistens als Leibärzte, riesige Honorare verlangen konnten und auch erhielten.

Eine besondere Variante der Bezahlung wird aus der Sung-Zeit des alten China (960–1279) überliefert, wo sich nur reiche Familien einen »Hausarzt« leisten konnten, der eine feststehende monatliche Bezahlung erhielt, allerdings nur so lange, wie alle Familienmitglieder gesund waren. So meinte man sich des »ständigen Eifers« des Arztes zu versichern, um die Genesung des Kranken herbeizuführen. Im frühen Japan hingegen galt lange Zeit das Prinzip, dass sich die Höhe des ärztlichen Honorars aus der Schwere der Krankheit und aus der Vermögenssituation des Patienten zu ergeben habe. Ein armer Mensch, der für seinen Arzt auf eine Mahlzeit verzichtete, wurde mehr geachtet als ein Reicher, dessen zwar enorm hohe Bezahlung dennoch sein Vermögen nicht ankratzte.

In der mittelalterlichen Mönchs- und Klostermedizin findet sich die Variante, dass das ärztliche Honorar als eine Art Aufwandsentschädigung, nicht aber als ein Kaufpreis für Wissen und Können angesehen wurde. Daher stammen heute noch gültige Einstellungen wie z. B. das Recht des Arztes, selbst bei unheilbaren Krankheiten ein Honorar zu fordern, verbunden allerdings auch mit der Pflicht, selbst in den aussichtslosesten Situationen weiter und weiter zu behandeln, denn der christliche Glaube ließ ein jederzeitiges Wunder Gottes erwarten, zumindest möglich erscheinen. Solche Behandlungen musste der Arzt sogar gegen den erklärten Willen des Patienten ausführen, so wie die Engel Lot und seine Familie gegen deren Willen aus dem dem Untergang geweihten Sodom entführten und retteten.

Eine schon fast modern anmutende Variante ärztlicher Bezahlsysteme kommt im 13. Jahrhundert durch den Stauferkaiser Friedrich II. im Heiligen Römischen Reich Deutscher Nation zum Zuge. Er erließ zwischen 1231 und 1241 eine »Medizinalordnung«: »Im Hinblick auf den schweren Nachteil und nicht wieder gut zu machenden Schaden, der aus der Unerfahrenheit der Ärzte entstehen könnte, befehlen wir, dass künftig keiner unter dem Deckmantel des ärztlichen Titels es wagen soll zu praktizieren, wenn er nicht vorher in Salerno im öffentlichen Disput der Professoren durch eine Prüfung bestätigt ist.«[3] Die Möglichkeit des Schadens durch medizinische Behandlung wurde von da an erstmals nicht mehr durch eine entsprechende Bestrafung reguliert, sondern durch die Festlegung einer bestimmten Ausbildung, die man erfolgreich zu absolvieren hatte. Chirurgen mussten ein Jahr studieren, handwerkliches Geschick und anatomische Kenntnisse nachweisen; Ärzte mussten ein dreijähriges vorbereitendes Studium der Logik nachweisen, um dann fünf Jahre Medizin studieren zu dürfen. Erst ein einjähriges Praktikum bei einem erfahrenen Arzt machte dann die Berufsausübung möglich. Die Gebührenordnung war überwiegend auf die Anzahl und den Zeitpunkt von Visiten ausgerichtet, nicht aber auf die einzelnen medizinischen Verrichtungen.

Neuzeit

Eine konzeptionell ganz neue Art der Bezahlung von Ärzten findet sich erstmals im Herzoglich-Nassauischen Medizinaledikt vom 21. Mai 1818: Neben der Zusammenführung von Ärzten und Chirurgen zu einem einzigen Stand wurde das Herzogtum Nassau in 28 Medizinalbezirke eingeteilt. In jedem Bezirk wurde ein Medizinalrat als ärztlicher Leiter berufen, dem ein Apotheker und mindestens ein Medizinalassistent unterstanden, ferner auf je 200 Familien eine Hebamme. Sie waren allesamt Beamte und wurden mit zwei Dritteln ihres Einkommens vom Staat bezahlt. Ein Drittel ihres Einkommens konnten oder mussten sie sich in privater Praxis dazuverdienen, wobei eine »Taxordnung« galt mit unterschiedlich hohen Honoraren je nach sozialer Lage der Kranken; Arme mussten umsonst behandelt werden. Innerhalb eines Medizinalbezirkes bestand freie Arztwahl. Mit einer Beteiligung der Kranken am Honorar sollte eine unbedacht ausufernde Inanspruchnahme der Ärzte in Grenzen gehalten werden.

Bezahlsysteme

Es gibt also, historisch gewachsen, grundsätzlich drei verschiedene Bezahlsysteme, die sich unterschiedlich kombinieren lassen: mit einem festen Gehalt, entweder direkt vom Patienten oder von einem staatlichen System, das durch Steuern oder durch andere Umlagesysteme finanziert wird (»Versicherung«), oder nach erbrachter Leistung und/oder Schwere der Krankheit, oder nach dem Erfolg der Behandlung (einschließlich Bestrafung bei Misserfolg, angefangen von Nichtbezahlung über Geldstrafen über Handabhacken bis zur Blutrache durch Angehörige).

Bei der Bemessung der Höhe der Bezahlung, ob mit Geld oder mit Naturalien, kann man zwei Prinzipien erkennen, die ebenfalls Kombinationen zulassen: Entweder gibt es Bezahlsysteme, die sich an der Komplexität und

Schwierigkeit der medizinischen Leistung orientieren, pauschaliert oder für einzelne Leistungen, oder die Höhe des Honorars bestimmt sich nach der sozialen Lage des Patienten. Die historisch entscheidende Wende tritt mit der Professionalisierung des Arztberufes durch die Medizinalordnung im 13. Jahrhundert ein. Während man bis dahin durch ein Schüler-Lehrer-Verhältnis zum Heiler, zum Arzt wurde, kommt es in dem Moment, in dem der Staat die Ausbildung der Ärzte regelt (Studium, Prüfung, Lizenz), auch zu einer Veränderung der Bezahlsysteme. Der staatliche Apparat, der die Lizenz vergibt, tritt entweder für die Bezahlung der Mediziner ein oder er legt selbst die Gebühren fest. Gleichzeitig schützt er damit die Ärzte auch vor Sanktionen, indem er diesen Bereich mit übernimmt und kontrolliert. Nichtbezahlung oder Bestrafung mit Geld, Leib oder Leben wird ersetzt durch den möglichen Entzug der Lizenz.

In Deutschland sind wir es seit über hundert Jahren gewöhnt, dass bei der überwiegenden Zahl der Patienten kein direktes Geldverhältnis mehr zwischen Arzt und Patient existiert. Die Geldflüsse werden durch die gesetzlichen Krankenkassen geregelt. Lediglich gegenüber privat Versicherten wird nach den in einem Gesetz bestimmten Vorgaben einer privaten Gebührenordnung direkt abgerechnet und kassiert. Die Gebührenordnungen sind in diesem Fall Einzelleistungsgebühren.

Bei einer ärztlichen Behandlung wird zwischen Arzt und Patient ein Dienstvertrag geschlossen. Der Arzt »schuldet« dem Patienten die Behandlung, nicht aber deren Erfolg.

Wegen eines Behandlungsfehlers erlischt der ärztliche Honoraranspruch in unserer Gesellschaft nicht. Der Honoraranspruch erlischt nur, wenn der Patient beweisen kann, dass die ärztliche Leistung völlig unbrauchbar gewesen ist.[4] Es kommt für diesen Anspruch noch nicht einmal darauf an, ob die Behandlung fehlerhaft war oder ob feststeht, dass die Indikation zur Behandlung nicht korrekt war. Daran ändert auch ein Aufklärungsfehler nichts. In einem solchen Fall muss der Patient die Rechnungen bezahlen. Seinen Schaden muss er hingegen in einem Schadensersatzprozess durchsetzen.[5] Nur bei besonders grob fahrlässigen oder strafbaren Pflichtverletzungen kommt der Verlust des Honoraranspruchs in Betracht.

Im Zuge immer neuer Gesundheitsreformen wird in letzter Zeit die Tendenz stärker, die Vergütung ärztlicher Tätigkeit mit der Qualität derselben zu verknüpfen, was auch immer unter Qualität verstanden wird. Dieses neue Konzept weist durchaus inhaltliche Übereinstimmungen mit dem fünftausend Jahre alten mesopotamischen Codex Hammurabi auf.

Pay for Performance

Die vielfältigen, nicht enden wollenden Kostendämpfungsvorschläge und -gesetze im Gesundheitswesen enthalten in letzter Zeit immer öfter den Satz, dass »das Geld der Leistung folgen« müsse. Gute und schlechte Ärzte dürften nicht gleich gut honoriert werden, heißt es immer wieder.

Man fühlt sich ein wenig an den Codex Hammurabi erinnert. Ein Paradigmenwechsel zu »größerer Transparenz« und »expliziter Patientenorientierung« wird angestrebt, so formuliert es die Kassenärztliche Bundesvereinigung.[6] Eine bestimmte ärztliche Leistung soll nicht mehr konstant mit der immer gleichen Geldsumme vergütet werden, sondern es gibt Abzüge für schlechte Leistungen und Aufschläge für gute Leistungen. Das wirft viele Fragen auf: Gibt es nur eine Behandlung, die zu einem guten Ergebnis führt? Kann keine Behandlung vielleicht die beste Behandlung sein? Was ist gut und was ist schlecht? Gilt das für alle Ärzte und Ärztinnen gleich? Ist das für alle Patient:innen gleich? Und wer beurteilt, ob etwas gut oder schlecht ist? Was ist eine Diagnose eigentlich?

Vor etwa zwanzig Jahren hat Pay for Performance (P4P) seinen Anfang in England und den USA genommen. In dem einen Land mit dem staatlichen, in dem anderen Land mit den privaten Krankenversicherungsmonopolen wollte man so die Versorgungsqualität in den Griff bekommen. Es werden Feedback- und Benchmarkingsysteme in medizinische Leistungsabläufe integriert, Leistungslegenden formuliert und Kontrollmechanismen etabliert. Alle diese Abläufe, die Art der Leistungsbeschreibungen und die zugehörige Terminologie sind aus industriellen Produktionsprozessen entlehnt.

Im ambulanten Versorgungsbereich sind die Pläne dazu weit entwickelt, zum Beispiel für den Bluthochdruck: Zunächst werden für dessen erfolgreiche Behandlung Grenzwerte festgelegt. Den Schritt eins bezeichnet man als Pay for Transparency (P4T). Werden die gemessenen Blutdruckwerte an eine zentrale Stelle übermittelt, so wird dadurch ein Vergütungszuschlag generiert. Der Schritt zwei heißt Pay for Quotient (P4Q). Das bedeutet: Je höher der Anteil der übermittelten Patienten an der Gesamtzahl ist, desto höher die Vergütung. Das Ziel ist aber Schritt drei, das eigentliche System des Pay for Performance (P4P): Wenn ein vorgeschriebener Mindestanteil von Patienten während der Behandlung normale Blutdruckwerte erreicht, erhöht sich die Vergütung erneut. P4P-Systeme werden derzeit geplant für Hypertonie, Diabetes, Epilepsie, Depression, Schlaganfall und Rückenschmerzen. P4P-Bezahlungssysteme sind – historisch betrachtet – eine Wiederaufnahme des Prinzips der Bezahlung nach Erfolg der medizinischen Leistung. Der Unterschied besteht darin, dass ein durch die Kriterien dieses Systems identifizierter schlechter Arzt nicht verjagt wird, auch wird seine Hand nicht abgehackt, sondern er erhält ein geringeres oder gar kein Honorar.

Um ihre Wirkung entfalten zu können, müssen solche Systeme Diagnosen definieren, Leistungen definieren, Erfolg definieren und Sanktionen bereithalten. Um P4P-Systeme installieren zu können, muss man sich also zuallererst darüber im Klaren werden, was eine Diagnose eigentlich ist. Mit einer Diagnose werden Befunde sortiert und einem Krankheitsbild zugeordnet, dem ein einheitlicher Name gegeben wird. Diagnosen sind Namen für reine Konstruktionen und nur und ausschließlich in ihrem historischen Kontext zu verstehen. Sie haben keine Allgemeingültigkeit, wie man am Beispiel der Infektionskrankheiten zeigen kann. Vor der Entdeckung der Bakterien kannte man wohl die Krankheiten, nicht aber die Ursachen, die wir heute wiederum gut zu kennen glauben. Für die Infektionskrankheiten galten vor der Entdeckung der Bakterien völlig andere Namen und Behandlungskonzepte als nach der Entdeckung der Bakterien. Von den diagnostischen Rastern eines medizinischen Lehrbuchs, das vor zwanzig oder fünfzig Jahren der Weisheit letzter Schluss war, ist heute nahezu nichts mehr gültig. Wenn man nun nicht hochmütig unseren gegenwärtigen Erkenntnisstand für den letztgültigen hält, sondern bescheiden auf unsere trotz aller »moderner« Wissenschaft doch eingeschränkten Erkenntnismöglichkeiten rekurriert, dann sind Diagnosen wie Hypertonie, Diabetes oder Depression eben nichts weiter als die gegenwärtig brauchbarsten, dennoch nur historisch verstehbaren Konstruktionen, die morgen schon überholt sein können. Wie werden wohl zukünftige Generationen in zwanzig oder fünfzig Jahren auf unsere Lehrbücher, auf unsere Diagnose-Konstrukte schauen? Die Homosexualität galt in der gesamten westlichen Medizin bis vor 30 Jahren als eine Krankheit. In der International Classification of Diseases ICD 9 wurde sie mit der Codierung 302.1 aufgeführt. Erst 1992 (!) wurde sie aus dem ICD 10 gestrichen. Wie wäre wohl vor 1992 der »Erfolg« der Behandlung von Homosexualität gemessen worden? Wie hätte ein Performancekonzept für Homosexualität ausgesehen?

Um P4P-Systeme installieren zu können, benötigt man zwingend präzise und allgemeinverbindliche Definitionen von Leistung und Messinstrumente für Qualität. Das kann nur mit der Implementierung von immer mehr Dokumentations- und Kontrollmechanismen funktionieren. Das beginnt mit dem gesetzlich vorgeschriebenen Qualitätsmanagement in Arztpraxen, bewegt sich über Details der Disease-Management-Programme unter Verwendung unverzichtbarer Systeme elektronischer Echtzeit-Kommunikation, einschließlich der elektronischen Versichertenkarte (sog. »Gesundheitskarte«), bis hin zu Festlegungen der standardisierten Bezahlung. Um Leistung und Qualität in einem solchen System definieren zu können, muss man auf Systeme aus der Welt der industriellen Produktion von Waren zurückgreifen, auf Produktionsstraßen. Die Medizin und die ärztliche Tätigkeit werden jetzt strukturell als Systeme zur Produktion von Gesundheit begriffen. Ärztin und Arzt werden zu »Leistungsanbietern« und Patient:innen werden zu »Kunden«. Das muss so sein, andernfalls würde alles plötzlich wieder relativ und individuell, also nicht mehr standardisierbar.

Bei der Einschätzung, welche Blutdruckwerte normal sind und welche nicht, stellt sich die Frage, ob es einen für alle Menschen, für alle Geschlechter, in allen Erdteilen allgemeingültigen systolischen und diastolischen Absolutwert gibt, unterhalb dessen der Blutdruck als »normal« bezeichnet werden kann und oberhalb dessen eine Krankheit vorliegt. Dann wird eine Therapie nötig, und zwar so lange, bis der Blutdruck wieder in dem zuvor festgelegten Normbereich zu finden ist. Möglicherweise gibt es aber auch Abstufungen, also vielleicht normal, fast normal, leicht erhöht, deutlich erhöht, gefährlich erhöht. Möglicherweise bedeuten diese Kategorien bei jedem Patienten etwas anderes. Wenn ein Patient einmal eine bestimmte Zeit lang stark erhöhten Blutdruck hatte, ist er von da an ein Hypertoniker: einmal Hypertoniker, immer Hypertoniker? Wenn die Normotonie einige Jahre später keiner therapeutischen Intervention mehr bedarf, ist der ehemalige Hypertoniker dann im Sinne von P4P ein Patient, der die Zusatzvergütung für seinen so außerordentlich erfolgreichen Arzt weiterhin lostritt, oder gilt die Hypertoniediagnose nur auf Zeit? Wer entscheidet das?

Oder wie verhält es sich mit einem Diabetiker, der seine überhöhten Blutzuckerwerte einschließlich des HbA1c durch konsequente Umstellung seiner Ernährung, mit etwas Sport und sonstigen »vernünftigen« Entscheidungen normalisieren konnte. Wie ist er jetzt einzuordnen? Einmal Diabetiker, immer Diabetiker? Worin bestand die Qualität der Behandlung, wie hoch ist die Eigenleistung des Patienten einzuschätzen? Wer hat hier welche Leistung gezeigt? Ist es ein Erfolg des Arztes oder nicht doch ein Erfolg des Patienten? Und wie geht man damit um, wenn die Herstellung von Normwerten, ob bei Hypertonie oder Diabetes, mit erheblichen negativen Folgen in anderen Lebenssystemen verbunden ist, mit eingeschränkter Leistungsfähigkeit, mit Depression, mit sozialen Ausschlüssen o. ä.? Wo, wie und von wem wird das gemessen? Ist das überhaupt messbar? Außerdem stellt sich als Nächstes die Frage, ob bei der Festlegung von Qualitätsindikatoren auch bestimmt wird, mit welchen Mitteln ein normaler

Blutdruck erreicht wird: Medikamente, autogenes Training, Ausdauersport, Psychotherapie oder alles zusammen? Dies wäre ja notwendig, um die ärztliche Leistung in irgendeiner Form zu beurteilen und zu quantifizieren.

Und zu guter Letzt: Was passiert mit Patient:innen, die sich aus guten oder aus schlechten Gründen der medizinischen »Vernunft« entziehen, also keine Compliance zeigen? Verlieren gerade sie durch dieses Bezahlsystem gleich auch ihren Arzt, der bislang eigentlich bei ihnen die meiste Mühe, die meiste Zeit aufgewendet hatte? Denn er wird schließlich keine ausreichenden Einnahmen mehr mit solchen Patient:innen generieren können. Gelangen wir nun in ein System, das sich – auf die Spitze getrieben – zu einem System des Gesundheitsterrors entwickeln wird?[7] Die aktuelle Diskussion über die Impfpflicht scheitert an genau dieser Frage. Schon sind erste ernstzunehmende Vorschläge aufgetaucht, Impfverweigerern nicht die volle medizinische Behandlung zukommen zu lassen.

Die Hauptfrage ist und bleibt: Wie wird Qualität definiert? Drei einfache Beispiele aus meinem Arbeitsbereich, der Chirurgie, illustrieren das Problem: Im Krankenhaus Höchst wurden früher über 600 Blinddarmoperationen im Jahr durchgeführt, eine beeindruckend hohe Zahl. Anfang der neunziger Jahre waren es nur noch rund 150. Was war geschehen? Man hatte erkannt, dass Patienten am Blinddarm operiert worden waren, die zwar Bauchschmerzen, aber ganz andere, keine chirurgischen Probleme hatten. Bei den reinen OP-Ziffern war die Klinik natürlich früher viel besser. Wenn man aber weiß, was Chirurgie ausmacht, ist die Klinik natürlich jetzt besser, denn sie hat ihre Patienten vor unnötigen Eingriffen bewahrt.[8] Als ich vor mehr als 40 Jahren in der Chirurgie zu arbeiten begann, wurde nahezu jeder Außenbandriss am Sprunggelenk operiert. Heute ist das einer der seltensten Eingriffe der modernen Unfallchirurgie, denn man hat die Operation als zumeist unnötig erkannt. Betrachtet man nur die OP-Ziffern, dann erhält man keinerlei Einblick in die wirkliche Qualität eines Krankenhauses. Ein Krankenhaus in Frankfurt am Main bekommt einen neuen Chefarzt aus einer der renommiertesten chirurgischen Kliniken Deutschlands. Die Folge: Dieser Chefarzt zieht die schwierigsten Fälle aus einem großen Einzugsgebiet an, die vorher nach Heidelberg oder München überwiesen wurden. Plötzlich ist die Komplikationsrate dort höher als überall sonst: Nicht weil er der Schlechteste, sondern weil er der Beste ist.

Geradezu revolutionär wäre ein völliges Verlassen des Erfolgskonzepts, das in der Medizin wie ein toxischer Fremdkörper wirkt. Das lässt sich am ehesten illustrieren mit einer utopischen Idee, die auf den ersten Blick absurd erscheint, eben weil wir alle das Denken in Sichtbarem und Zählbarem völlig verinnerlicht haben. Diese Idee könnte man als bedingungslose Grundsicherung für chronisch Kranke bezeichnen. Sie lehnt sich an ein Teilstück der Pflegeversicherung an: »Mit einem persönlichen Budget können Menschen mit Behinderung Leistungen zur Teilhabe selbständig einkaufen und bezahlen. Es ergänzt die bisher üblichen Dienst- und Sachleistungen. In der Regel erhält der behinderte Mensch eine Geldleistung.«[9] Es ist eine Erfahrung einer jeden Ärztin und eines jeden Arztes, dass chronisch Erkrankte die absoluten Experten für ihre Krankheit sind. Von ärztlicher Seite betrachtet, kann man mit ihnen mitgehen, aber Richtung und Geschwindigkeit geben die oder der Erkrankte vor. Die ärztliche Kunst des Begleitens entzieht sich jedem erfolgsorientierten Bezahlsystem. Fakt ist, dass die Multiple Sklerose von Frau Meier allenfalls ähnlich der Multiplen Sklerose von Herrn Müller verläuft, sie kann extrem unterschiedliche Erscheinungsformen haben. Indem man chronisch Kranken nun ein persönliches Budget zur Verfügung stellt, ausgerichtet an der Schwere der Erkrankung und den durchschnittlichen Therapiekosten, mit dem sie zwischen verschiedenen Therapien entscheiden können oder spezielle, individuelle Hilfsmittel besorgen oder Assistenzleistungen einkaufen oder zwei Wochen in Fuerteventura verbringen, erkennt man die Expertise von chronisch Kranken an. Aber davon sind wir weit entfernt. Der Erkrankte steht wohl in gesundheitspolitischen Sonntagsreden im Mittelpunkt, aber nur als Objekt, als Subjekt nicht.

Völlig unklar und beunruhigend wird P4P da, wo vermeintlich »objektive« Messungen von Parametern wie Blutdruck oder Blutzucker nicht möglich sind, z. B. bei Depression oder Rückenschmerzen. Spätestens an dieser Stelle wird die Absurdität des Konzepts deutlich. Dennoch fehlt bisher jeder Widerstand. Bescheidenheit und Demut vor der unendlichen Vielfalt des Lebens, des Überlebens und der Lebenskonzepte jedes einzelnen Individuums in Gesundheit und Krankheit sind nicht gefragt, bzw. in der

Sprache des Geldes: wird nicht vergütet. Wenn doch P4P-Systeme eine völlige Verkehrung der ärztlichen Tätigkeit bewirken, warum werden solche Bezahlsysteme dann trotz aller Widersprüche und Inkonsistenzen immer weiterentwickelt? Die Antwort liegt auf der Hand: Industrialisierung der Medizin bedeutet nicht allein nur das Primat der Profitorientierung, wie es der Schritt von einem Gesundheitswesen zur Gesundheitswirtschaft beinhaltet. Es bedeutet gleichzeitig die Implementierung von umfassenden Kontroll- und Überwachungssystemen in allen medizinischen Handlungen, von allen Ärztinnen und Ärzten und von allen Patient:innen in jeder Phase der Behandlung. Solche Überwachungssysteme erfordern eine umfassende Digitalisierung. Der Missbrauch des Gesundheitswesens und der Medizin für eine Gesundheitsherrschaft setzt eine Verwandlung des Gesundheitswesens in eine Gesundheitswirtschaft voraus.. Doch davon später. Zunächst folgt jetzt der Versuch, die Idee der Krankenkasse zu verstehen.

3 Krankenkassen

Dem Kapitalismus ist das Soziale fremd. Alles Soziale muss erkämpft werden. Und ist es erst einmal gewonnen, dann muss es verteidigt werden, denn dem Kapitalismus ist jeder staatliche Eingriff und jede Regulierung ein Hindernis bei der Profitmaximierung, das er wieder zu beseitigen sucht. Eine der größten dieser erkämpften sozialen Errungenschaften ist das System der Sozialversicherungen.

Die Geburtsstunde der Sozialversicherungen in Deutschland ist der 17. November 1881 gegen 14 Uhr. Zu diesem Zeitpunkt trat der Reichskanzler Fürst Otto von Bismarck im königlichen Schloss zu Berlin vor den Reichstag: »Seine Majestät der Kaiser sieht sich wider Erwarten durch Unwohlsein verhindert, die Session selbst zu eröffnen.« Bismarck hatte von Kaiser Wilhelm I. den Auftrag erhalten, eine »allerhöchste Botschaft« zu verlesen, die mit den Worten begann: »Schon im Februar dieses Jahres haben Wir Unsere Ueberzeugung aussprechen lassen, dass die Heilung der sozialen Schäden nicht ausschließlich im Wege der Repression sozialdemokratischer Ausschreitungen zu suchen sein werde.« Der Kaiser ließ Bismarck die Einrichtung einer Versicherung gegen Betriebsunfälle, eines »gewerblichen Krankenkassenwesens« und einer staatlichen Fürsorge für »diejenigen, welche durch Alter oder Invalidität erwerbsunfähig werden«, ankündigen.[1] Der Kaiser und sein Reichskanzler hatten einsehen müssen, dass mit den Sozialistengesetzen von 1878, mit denen Vereine, Versammlungen und Schriften der Sozialdemokraten bei Strafe verboten worden waren, die anwachsende Arbeiterbewegung nicht gestoppt, sondern allenfalls in den Untergrund gedrängt worden war. Die sozialen Unruhen wuchsen immer weiter an. Die Verabschiedung des Gesetzes zur Krankenversicherung am 15. Juni 1883, gefolgt von einer gesetzlichen Unfallversicherung, einer Arbeitslosenversicherung und einer Rentenversicherung, war der große Erfolg der Sozialdemokratie, aber gleichzeitig auch der Versuch ihrer Ruhigstellung und Befriedung. Deutschland war das erste Land der Welt mit derartigen Sozialversicherungen.

Die beiden Grundpfeiler der gesetzlichen Krankenversicherung waren und sind bis heute die Versicherungspflicht und das Solidaritätsprinzip. Sie gelten seit 140 Jahren, auch wenn sie in der Kaiserzeit, in der Weimarer Republik, im Nationalsozialismus, in der Demokratie der Nachkriegszeit und durch die Wiedervereinigung vielfachen Modifikationen und Einschränkungen ausgesetzt waren.

Das Solidaritätsprinzip

Das Solidaritätsprinzip besagt, dass sich die Beitragsbemessung, also die Höhe der Beiträge, allein nach der Höhe des Einkommens, nach der finanziellen Leistungsfähigkeit der Versicherten bemisst. Das individuelle Krankheitsrisiko spielt dabei keine Rolle. Die Krankheitsrisiken werden von allen Versicherten gemeinsam – solidarisch – getragen. Es ist auch ohne Bedeutung, wodurch und warum es zu Krankheiten gekommen ist, ein mögliches eigenes Verschulden ändert daran nichts. Das Solidaritätsprinzip gilt genauso für die Arbeitslosenversicherung. Bei der Rentenversicherung ist dies zwar auch der Fall, die Höhe der Beiträge ist allerdings entscheidend für die Höhe der späteren Rente; ferner ist noch die Besonderheit gegeben, dass die Einzahler nicht die möglichen Nutznießer sind, sondern die Beiträge der einen Generation einer anderen Generation zugutekommen.

Arbeitgeber und Arbeitnehmer teilen sich die Beiträge zur Krankenversicherung hälftig, wodurch die Arbeitgeber das Recht erhalten, die Hälfte der Sitze in den Selbstverwaltungsorganen zu besetzen. Das nennt man Sozialpartnerschaft. Das wird jedoch vielfach kritisiert, indem der Arbeitgeberanteil an den Sozialversicherungsbeiträgen als vorbehaltener Lohn bezeichnet wird, mit dem sich die Arbeitgeber das Recht erschleichen, die Hälfte der Sitze in den Selbstverwaltungsorganen der Sozialversicherungen zu besetzen.

Das solidarische Umlageverfahren der gesetzlichen Krankenversicherung wird mehr und mehr aufgeweicht: Durch die zunehmende Einführung von Eigenanteilen und Zuzahlungen ist ein direkter Geldtransfer zunächst kleinen, aber ständig wachsenden Ausmaßes zwischen Patienten und Ärzten, Krankenhäusern, Krankengymnasten und Apothekern inzwischen zur Regel geworden. Jede Art von Zuzahlung ist eine Unterhöhlung des Solidarsystems und grundsätzlich nur eine ordnungspolitische, nie aber eine sozialpolitische Maßnahme.

Das Solidaritätsprinzip wird auch immer wieder missverstanden. So habe ich mir in meiner langjährigen ärztlichen Praxis recht oft anhören müssen, dass man doch nun lange genug »eingezahlt habe, jetzt wolle man endlich wieder was rausbekommen«. Dieses Missverständnis, dass die Krankenkasse eine Art Sparkasse sei, lässt sich meistens ausräumen. Das ändert aber nichts daran, dass es auch dort verbreitet ist, wo man es zunächst gar nicht vermutet. In den Tagesthemen der ARD am Abend des 27. April 2020[2], mitten im Auf und Ab der Corona-Pandemie, wurde der Vorstandsvorsitzende des Volkswagen-Konzerns, Herbert Diess, gefragt, wie die Öffentlichkeit es denn verstehen solle, dass der Konzern einerseits enorme Summen Kurzarbeitergeld aus der Arbeitslosenversicherung erhielte, andererseits aber hohe Dividenden und Bonuszahlungen ausschütten würde. Diess antwortete: »Kurzarbeitergeld, das sind Beiträge, die wir einbezahlt haben, die Mitarbeiter und auch das Unternehmen selbst, das sind über vier Milliarden in den letzten zehn Jahren. Wir haben davon wenig beansprucht. Ich glaube schon, dass es in so einer Krisensituation erlaubt sein muss, Kurzarbeitergeld zu beanspruchen.« Die Obszönität der Dividenden und Boni auf einem der Höhepunkte der Corona-Krise gänzlich ignorierend, gab Diess damit sein Verständnis von Solidarität[3] als einer Umverteilung von der Arbeitslosenversicherung in die Dividenden und Boni preis, als Solidarität von denen da unten mit denen da oben.

Die Frage der Schuld

Vor fünfzehn Jahren wurde im Zuge einer der unzähligen Gesundheitsreformen eine neue Kategorie von Diagnosen eingeführt: die »selbst verschuldeten« Krankheiten. Sie werden im Paragraf 52 Abs. 2 im V. Sozialgesetzbuch beschrieben, verbunden mit einer Mitteilungspflicht nach Paragraf 294a. Für die »selbst verschuldeten« Behandlungskosten kommt die Solidargemeinschaft nicht mehr auf, die Kosten muss der Kranke selbst zahlen. Das gilt zum Beispiel, wenn jemand ein Piercing-Studio aufsucht und sich einen Ring in die Nase, den Nabel oder die Lippen einziehen lässt. Oft geht das gut, aber es kann doch eine Vereiterung auftreten, ein Abszess oder eine lebensgefährliche Blutvergiftung. Da lässt sich jemand eine Tätowierung anbringen, am Rücken, am Arm oder an versteckteren Stellen. Das geht auch meistens gut, manchmal aber auch nicht. Da lässt sich jemand seine Brust vergrößern, sein Fett absaugen. Wenn das gut gegangen ist, reden wir nicht darüber. Aber wenn es zu Komplikationen kommt? In diesen Fällen ist die Krankenkasse nicht mehr zuständig, denn diese Kranken sind »selbst schuld«. Schließlich wurde ja niemand gezwungen, sich derart operieren zu lassen. Aber wenn man die Sache genauer betrachtet, wird man rasch erkennen, dass es fast unmöglich ist, eine klare Grenze zu ziehen.

Was aber gilt im Fall von Branding, dem Einbrennen von Symbolen auf der Haut? Was ist bei Komplikationen nach Tongue cutting zu tun, dem Aufspalten der Zunge, wenn man wie eine Amphibie imponieren möchte?[4] Eine Frau geht zum Juwelier, lässt sich Ohrlöcher stechen. Es geht schief. Selbst schuld? Jemand trägt modisches Schuhwerk und hat jetzt Fußschmerzen. Selbst schuld? Man hat sich die Haare färben lassen, die Kopfhaut ist allergisch geschwollen, hochrot und schmerzt. Selbst schuld? Zu oft zu viel gegessen, bei erheblichem Übergewicht bekommt man Diabetes, Bluthochdruck und wird gefäßkrank. Selbst schuld? Beim Skifahren hat man sich die Knochen gebrochen, beim Drachenfliegen ist man abgestürzt und auf der Intensivstation gelandet. Selbst schuld? Raucher bekommen Lungenkrebs, Säufer bekommen Leberzirrhose! Selbst schuld! Zu oft und zu lange in der Sonne geräkelt! Hautkrebs! Selbst schuld? Beim Autofahren verunglückt gehört man zu den Zehntausenden Schwerverletzten auf unseren Straßen jedes Jahr! Selbst schuld?

Das Schuldprinzip ist das Gegenteil des Solidarprinzips, oder besser: Das Schuldprinzip ist der Totengräber des Solidarprinzips. Mit der Einführung des Schuldprinzips in das Gesundheitswesen und die Medizin brechen Dämme, die nie wieder geschlossen werden können. Man kann von Glück reden, dass es seit der Novellierung des V. Sozialgesetzbuches im Jahr 2007 keine weiteren Maßnahmen in diese Richtung gegeben hat. Aber dann kam Corona.

Zunächst fielen Mitte des Jahres 2021 einige Politiker:innen, sogar auch eine nicht unerhebliche Zahl von

Ärztinnen und Ärzten dadurch auf, dass sie angesichts einer medial aufgeheizten Triage-Hysterie damit drohten, ungeimpften Covid-19-Erkrankten die Behandlung im Krankenhaus zu versagen, solange Geimpfte nicht versorgt sind. Es ist trotz dieser Panikmache zum Glück zu keiner Triage gekommen, sodass sich dieses Konzept der »Gesundheit für Gehorsame« bislang nicht der Realität stellen musste. Besonders ruppig äußerte sich Stefan Dräger, der Vorstandsvorsitzende der Drägerwerke, die unter anderem Beatmungsgeräte und Masken herstellen: »Impfverweigerer sollen auf Krankenhausbehandlung verzichten«.[5] Den Gipfel an asozialer und zerstörerischer Demagogie vernahm man aber aus einer Ecke, in der man Solches nie vermutet hätte: Rainer Schlegel, der Präsident des Bundessozialgerichts, sprach sich im Februar 2022 bei seinem Jahrespressegespräch dafür aus, dass ungeimpfte Covid-19-Erkrankte an den Kosten ihrer Behandlung beteiligt werden müssten. »Das sollte dem Versicherten weh tun«, sagte er.[6] Schlegel sprach von bis zu 200 000 Euro, die eine Krankenhausbehandlung bei schwerem Verlauf einer Covid-19-Erkrankung kosten könne, Rehabilitationsleistungen und Long Covid nicht mitgerechnet. Wenn ein Firmenchef in solchen Kategorien denkt, kann man sich noch achselzuckend abwenden. Er weiß es nicht besser. Wenn aber der Präsident des Bundessozialgerichts und Vorsitzende des 1. Senats, der ausgerechnet für alle Fragen der gesetzlichen Krankenversicherung zuständig ist, das 140 Jahre lang bewährte Sozialsystem ins Wanken bringen will, dann müssen alle Alarmglocken läuten. Das Solidarprinzip ist schließlich keine Kegelklubsatzung. Es ist eine der wichtigsten Säulen, auf denen unsere Gesellschaft aufgebaut ist.

Außerdem darf man nicht vergessen, dass die Einführung des Schuldprinzips in das Sozialsystem immer auch – ob erwünscht oder nicht – ein Geschwister mit sich bringt, und das ist die Strafe. Dazu hat sich der grüne Oberbürgermeister von Tübingen, Boris Palmer, geäußert, der Pensionszahlungen, Rentenzahlungen und den Zutritt zum Arbeitsplatz von einem Impfnachweis abhängig machen und die Impfpflicht mit Beugehaft und Rentenkürzungen durchsetzen will.[7] Das erinnert an 1987, als der CSU-Politiker Peter Gauweiler, Münchner Rechtsanwalt und damaliger bayerischer Innenstaatssekretär, für AIDS-Kranke eine »Absonderung auf Zeit« auf eine Insel vor Stockholm propagierte[8], während der damalige gesundheitspolitische Sprecher der CSU-Landesgruppe im Deutschen Bundestag und spätere Gesundheitsminister Horst Seehofer AIDS-Erkrankte nur »in speziellen Heimen konzentrieren« wollte.[9]

Das »duale« System

Das Solidaritätsprinzip ist auch an anderen Stellen längst durchlöchert. So gibt es eine Beitragsbemessungsgrenze, oberhalb der kein weiterer Beitrag fällig wird, auch wenn das Einkommen noch so hoch ist. Und es gibt auch einen Mindestbeitrag für niedrige Einkommen, der die tatsächliche Geringfügigkeit vieler Einkommen unbeachtet lässt. Und es gibt immer mehr Zuzahlungen als sogenannte Eigenanteile für Medikamente, Behandlungen und Krankenhausaufenthalte, die einen oft nicht unerheblichen Teil des finanziellen Krankheitsrisikos auf die oder den Kranken abwälzen, bevor die Solidargemeinschaft eintritt.

Der Gipfel der Unsolidarität ist allerdings ein deutsches Alleinstellungsmerkmal in Europa: die privaten Krankenversicherungen. In Deutschland sind etwa 10 Prozent der Bevölkerung »privat« versichert. Diese 8,7 Millionen verdienen im Durchschnitt über 50 Prozent mehr als die 73 Millionen gesetzlich Versicherten. Es heißt, sie würden eine privilegierte medizinische Behandlung erhalten, man spricht von einer Zwei-Klassen-Medizin. Die Besserverdienenden haben sich auf diesem Wege aus unserem Solidarsystem verabschiedet. Der Preis, den sie dafür zahlen müssen, ist allerdings erheblich. Die Krankenkassenbeiträge werden nämlich nicht nach Wirtschaftskraft, sondern nach Krankheitsrisiko bemessen. Die Versicherungen können bestimmte Krankheiten aus dem Versicherungsschutz ausschließen. Familienmitglieder, insbesondere Kinder, sind nicht beitragsfrei mitversichert. Die relativ niedrigen Beiträge für junge Versicherte werden konterkariert von immer höheren Beiträgen für Alte, womit man junge Versicherte von den gesetzlichen Krankenkassen weglocken kann, die im Alter dann ihren Versicherungsverträgen nicht mehr entrinnen können. Laut einer Bertelsmann-Studie verlieren die gesetzlichen Krankenversicherungen durch dieses beschönigend »Duales System« genannte Konzept bis zu neun Milliarden Euro im Jahr.[10] Sie könnten den allgemeinen Beitragssatz um 0,7 Prozent senken, wenn alle Bundesbürger:innen gesetzlich krankenversichert wären. Das ist das krasse Gegenteil von Solidarität.

Eine Überwindung dieses zweigeteilten Systems würde zwar einige Probleme aufwerfen, aber sie wären alle lösbar, dafür bräuchte es nur etwas Zeit und kluge Übergangslösungen. Ärztekammern, Kassenärztliche Vereinigungen und der Beamtenbund malen das große Arztpraxissterben an die Wand, wenn die »privaten« Einnahmen wegbrechen würden. Aber die ärztlichen Einkommen wären nicht wirklich in Gefahr, denn bislang Privatversicherte würden stattdessen natürlich sogleich entsprechende Zusatzversicherungen abschließen. Eine Illusion sollte man aber nicht haben: Mit der Abschaffung der Zwei-Klassen-Krankenversicherung kann man die Abschaffung der Zwei-Klassen-Medizin nicht erreichen. Dazu müsste man die Klassengesellschaft abschaffen.

Es ist an dieser Stelle von Interesse, wie andere Länder mit der Krankenversicherung umgehen. Könnte man sich dort vielleicht etwas abkupfern?

Andere Länder

Andere europäische Länder unterscheiden sich zwar durch viele nationale Eigenheiten in den Details ihrer Versicherungssysteme, funktionieren im Prinzip aber alle ähnlich.

So gibt es in der Schweiz eine allgemeine Versicherungspflicht, die von etwa 90 privaten Krankenkassen und einem Kopfpauschalen-System abgedeckt wird. Die Beiträge sind unabhängig vom Einkommen, eine kostenlose Mitversicherung von Familienmitgliedern gibt es nicht. Die etwa neunzig privaten Krankenkassen des Landes müssen alle eine gleiche, gesetzlich festgelegte Grundsicherung anbieten, konkurrieren aber um Mitglieder durch möglichst niedrige Tarife. Alle Versicherer bieten Zusatzversicherungen an.

Auch in Frankreich ist die Krankenversicherung eine für alle unentrinnbare Pflicht. Sie begleicht die Rechnungen der staatlichen Krankenhäuser und der niedergelassenen, selbständigen Ärztinnen und Ärzte. Die Krankenkassenbeiträge werden von Arbeitnehmer:innen und Arbeitgeber:innen anteilig bezahlt, Defizite der Kassen werden mit Steuermitteln ausgeglichen. Versicherte zahlen ihre Arztrechnungen zunächst selbst und reichen sie anschließend bei ihrer Krankenkasse zur Erstattung ein. Dabei gibt es Eigenbeteiligungen bis zu 25 Prozent, weswegen die meisten Franzosen private Zusatzversicherungen abschließen.

Österreich betreibt ebenfalls eine beitragsfinanzierte Krankenversicherung mit Versicherungspflicht für alle Einwohner, auch für Selbständige und sogenannte Besserverdienende. Die Beiträge richten sich nach dem Einkommen und werden zur Hälfte von Arbeitnehmer:innen und Arbeitgeber:innen in die österreichische Gesundheitskasse eingezahlt, eigene Kassen haben nur Beamte und

Selbständige. Familienmitglieder sind kostenlos mitversichert. Die Leistungen aller Kassen sind gleich, Konkurrenz zwischen Krankenkassen gibt es nicht. Es existieren dazu vielfältige Möglichkeiten der privaten Zusatzversicherung. Wie in Deutschland ist das Geflecht von Eigenbeteiligungen auch in Österreich weit entwickelt.

In Italien ist das Gesundheitswesen staatlich. Früher gab es über 100 Krankenkassen, heute nur noch den SSN (Servizio Sanitario Nazionale), dem jede:r Italiener:in angehören muss. Die Finanzierung geschieht aber nur zum Teil (ca. 40 Prozent) aus öffentlichen Geldern, weitere 40 Prozent sind Versicherungsbeiträge der Arbeitgeber:innen, der Rest sind private Zuzahlungen im Behandlungsfall. Die medizinische Grundversorgung ist für alle kostenlos. Private Krankenversicherungen gibt es nicht, nur Zusatzversicherungen. Die primär zuständigen Familienärzte werden mit einer leistungsmengenunabhängigen Kopfpauschale bezahlt, die Fachärzte nach Einzelleistung einer Gebührenordnung, hier sind dann auch erhebliche Zuzahlungen fällig.

Großbritannien ist bekannt für seinen staatlichen, steuerfinanzierten Gesundheitsdienst NHS (National Health Service), der vor über 70 Jahren gegründet wurde, um allen Bürgern den gleichen medizinischen Standard zu garantieren. Behandlungen sind kostenlos, Zuzahlungen gibt es nicht. 15 Prozent der Bürger besitzen in Großbritannien eine private Zusatzversicherung, um Defizite der NHS-Versorgung im Zweifelsfall abdecken zu können. Erste Anlaufstellen sind immer die Hausärzte, die »General Practioner«, die über Kopfpauschalen der bei ihnen eingeschriebenen Patient:innen bezahlt werden (Patientenlisten). Da man dabei in seinem Wohnbezirk bleiben muss, ist die freie Arztwahl eingeschränkt, ein Wechsel frühestens nach einem Jahr möglich. Der Ärztemangel in Großbritannien hat zu einer enormen Kompetenzzunahme der Krankenschwestern geführt, die selbständig Medikamente verschreiben und Nachsorgen durchführen können.

Auch das schwedische Gesundheitssystem ist steuerfinanziert, was typisch für alle skandinavischen Länder ist. Das Recht auf gute medizinische Versorgung ist für alle gesetzlich verbürgt, die in Schweden seit mindestens einem Jahr wohnen: Innerhalb von drei Tagen muss man eine hausärztliche und innerhalb von 90 Tagen eine fachärztliche Behandlung bekommen, innerhalb weiterer 90 Tage einen Eingriff, falls erforderlich. Die Leistungen der schwedischen Krankenkasse sind umfassend, sogar Zahnbehandlungen bis zum 23. Lebensjahr abgedeckt. Private Zusatzversicherungen werden kaum genutzt. Zuzahlungen sind üblich. Der Erstkontakt bei Krankheit ist fast immer eine Krankenschwester, die auch diagnostische Kompetenzen hat. Sie entscheidet über die Notwendigkeit eines Arztbesuches. In letzter Zeit nehmen Beschwerden über enorm lange Wartezeiten auf Operationen zu.

In Dänemark gibt es nur eine einzige und verpflichtende Krankenversicherung für alle. Das Gesundheitswesen ist insgesamt in staatlichem Besitz und steuerfinanziert. Wer in Dänemark wohnt oder steuerpflichtig ist, ist automatisch krankenversichert. Medizinische Behandlungen und häusliche Pflege sind für alle Versicherten kostenlos. Private Vollversicherungen gibt es nicht, nur Zusatzversicherungen zur Abdeckung von Eigenbeteiligungen. Fast alle Dänen sind im Hausarztmodell, das die freie Arztwahl einschränkt und zuzahlungsfrei alle notwendigen Leistungen bereitstellt. Falls eine stationäre Behandlung nötig wird, kann das Krankenhaus ohne Zuzahlungen frei gewählt werden. Wenn die von der Administration vorgegebenen Wartezeiten überschritten werden, hat man als Patient:in das Recht, ein privates oder ein ausländisches Krankenhaus aufzusuchen, ohne dafür zusätzlich bezahlen zu müssen.

Auch in Finnland ist das Gesundheitssystem staatlich organisiert und wird aus Steuermitteln finanziert. Es erinnert mit seinem Konzept an das in Hessen-Nassau vor 200 Jahren: Das Land ist in Gesundheitsdistrikte unterteilt, in denen Gesundheitszentren betrieben werden. Im Krankheitsfall müssen sich alle Finn:innen dorthin wenden, freie Arztwahl gibt es nicht. Im Prinzip ist dieses System für alle Patient:innen kostenlos, sie werden jedoch bei einem Arztkontakt, bei ambulanter Behandlung oder bei stationärer Behandlung zu einer Eigenbeteiligung gezwungen. In den meisten Fällen allerdings arbeiten Krankenschwestern selbständig, ohne Ärztinnen oder Ärzte hinzuzuziehen. Das Personal der Gesundheitszentren bezieht sein eher bescheidenes Gehalt vom Staat, was zu Schwesternmangel führt, während Ärzte parallel zum staatlichen Sektor in einem wachsenden privatärztlichen Bereich arbeiten können, wo die Patienten Rechnungen nach Gebührenordnung zu bezahlen haben und die Ärzte ihr Einkommen dadurch fast verdreifachen können.

In den Niederlanden besteht ebenfalls Krankenversicherungspflicht. Das System ist rein privatwirtschaftlich, aber die Leistungen der etwa 40 privaten Krankenkassen sind gesetzlich genau festgelegt, sodass darüber keine Konkurrenz aufkommen kann. Kinder sind kostenlos mitversichert, Partner hingegen nicht. Alle Versicherten zahlen einen gleich hohen Beitrag, der gesetzlich festgelegt ist. Wegen hoher Selbstbeteiligungen sind private Zusatzversicherungen weit verbreitet.

In den USA sind etwa 60 Prozent der Bevölkerung über ihren Arbeitgeber, den ihres Ehepartners oder der Eltern privat krankenversichert. Ärzte rechnen nach Leistungskomplexen mit den Patienten ab, diese wiederum mit ihren Versicherungen. Staatliche Versicherungen wie Medicare für Senioren und Medicaid für Arme können den großen Bereich der Nichtversicherten bislang nicht auffangen, sodass die Notaufnahmen der Krankenhäuser, die durch Gesetz zur Akutbehandlung gezwungen sind, ständig überfüllt sind. Die Zahl der Nichtversicherten ist unüberschaubar hoch. 60 Prozent aller Privatinsolvenzen in den USA sind durch Krankheitsereignisse verursacht.[11] Es gibt in den westlichen Staaten kein anderes Gesundheitssystem, das auf der einen Seite so teuer ist und auf der anderen Seite die krassen gesellschaftlichen Unterschiede zwischen Arm und Reich so direkt in der Gesundheitsversorgung widerspiegelt wie das der USA, wo »sozial« in weiten Kreisen gleichbedeutend ist mit »sozialistisch«.

Selbst Kaiser Wilhelm und Otto von Bismarck waren da vor 140 Jahren schon weiter.

Zusammengefasst kann man sagen, dass die Gesundheitssysteme in Europa im Prinzip allesamt Solidarsysteme sind, die mit Pflichtmitgliedschaften und Umlagesystemen funktionieren, steuerfinanziert oder über Inkassosysteme die notwendigen Gesundheitskosten der Gesellschaft aufbringen, mit jeweils unterschiedlichem privatem Anteil im Krankheitsfall. Die Bezahlung der medizinischen Leistungen in unterschiedlich ausgeprägten und getrennten stationären und ambulanten Bereichen geschieht entweder aus diesen Umlagesystemen heraus oder direkt von Patient:innen privat, dann allerdings nach festen, teilweise gesetzlich festgelegten Gebührenordnungen. Soziale Staffelungen finden allenfalls beim Aufbringen der gesellschaftlich notwendigen Geldsumme statt, über Steuern oder über den Kassen zugeführte Lohnanteile, nie jedoch bei der Bezahlung der Ärztinnen und Ärzte – wie beispielsweise im alten Persien. Eine Reihe von europäischen Ländern hat eine einzige, einheitliche Krankenversicherung für alle, womit das Funktionieren dieses Konzepts hinreichend bewiesen ist. Deutschland ist allerdings das einzige Land weit und breit, das einem Zehntel seiner Bevölkerung die Möglichkeit einräumt, sich mit der privaten Krankenversicherung aus dem Solidarsystem zu verabschieden. Dafür gibt es keinen vernünftigen Grund.

Sozial ist vorteilhaft

Dass Sozialversicherungen nicht nur unter dem Gesichtspunkt der sozialen Absicherung, sondern auch als erfolgreiche politische Maßnahmen zur Herstellung des sozialen Friedens verstanden werden müssen, wurde anfangs schon erwähnt: Seit der Rede von Kaiser Wilhelm I. vor 140 Jahren ist das klar. Aber Krankenkassen verschaffen sich auch direkt ökonomische Vorteile, wie es sich an den Betriebskrankenkassen verdeutlichen lässt. Es gab sie schon lange vor dem kaiserlichen Edikt von 1881, erste Gründungen sind aus dem 18. Jahrhundert bekannt. Sie waren in einzelnen Betrieben gegründet worden, um soziale Absicherung für deren Arbeiter einschließlich ihrer Familien gewährleisten zu können. Bis zum Jahr 1910 gab es fast 8 000 Betriebskrankenkassen, 1996 waren es noch knapp 700, heute sind es nach vielen Fusionen deutlich weniger als hundert.

Der ökonomische Vorteil für einen Betrieb, der eine Betriebskrankenkasse gründet, war und ist erheblich. Der Arbeitgeber kann sich als verantwortungsvoll positionieren, eventuelle Subventionen sind steuerlich absetzbar.[12] Solche guten Taten sozialer Art haben immer einen kalkulierten ökonomischen Hintergrund und sind unter dem Strich rentabel. So wurde zum Beispiel auch die Einrichtung und Finanzierung eines werksärztlichen Dienstes bis Anfang der 1960er Jahre in der Öffentlichkeit als »ethisch-humane Verpflichtung« verkauft, der die Arbeitgeber aufgrund ihres sozialen Gewissens nachgingen. Tatsächlich ergaben sich durch Einstellungsuntersuchungen, Arbeitsplatzbeschreibungen und Reduktion der meldepflichtigen Arbeitsunfälle gegenüber den Berufsgenossenschaften Einsparungen, welche die Investitionen in den werksärztlichen Dienst deutlich überschritten.[13] Jakob Eich, Werksarzt bei den Kölner Fordwerken[14], führte im Jahre 1966, vor mehr als fünfzig Jahren, eine Untersuchung durch, um erstmalig für die BRD den ökonomischen Nutzen eines werksärztlichen Dienstes zu errechnen. Das Resümee dieser Studie: 1966 standen den Kosten für den werksärztlichen Dienst der Fordwerke in Höhe von 1,53 Mio. DM Kosteneinsparungen durch werksärztliche Tätigkeit von mindestens 2,83 Mio. DM gegenüber. »Die Untersuchung demonstriert den Widerspruch zwischen den kurz- und langfristigen Interessen des Kapitals.«[15]

Die überragende ökonomische Bedeutung der Arbeitsmedizin und der werksärztlichen Dienste möge die folgende Anekdote illustrieren: Während meiner Ausbildungszeit in der Unfallchirurgie wurde unsere gesamte Abteilung, immerhin fast 20 Ärztinnen und Ärzte, einmal im Jahr vom werksärztlichen Dienst der Farbwerke Hoechst zu einem wahrhaft opulenten Essen in die Jahrhunderthalle eingeladen. Der Sinn dieser Einladung erschloss sich uns alsbald, als der Leiter des werksärztlichen Dienstes in seiner Tischrede darum bat, verletzte Angestellte und Arbeiter:innen ihres Werkes nicht krankzuschreiben, sondern zu ihnen, also zum Werksarzt, zu schicken. Der werksärztliche Dienst werde dann eine verletzungsangemessene Beschäftigung finden. Dazu muss man wissen, dass die Beiträge der Unternehmen zur gesetzlichen Unfallversicherung nach der Zahl der gemeldeten Arbeitsunfälle berechnet werden. Eine Meldepflicht für Arbeitsunfälle besteht aber erst ab dem dritten Tag einer Krankschreibung. Die Ersparnis für die Farbwerke Hoechst muss erheblich gewesen sein, jedenfalls sehr viel größer als die Kosten eines Abendessens für eine komplette Krankenhausabteilung.

Fonds und Kassen

Seit Jahren wird über die Umgestaltung der Gesetzlichen Krankenversicherung gestritten. Die von der CDU favorisierte »Kopfpauschale« sieht einen feststehenden, für jeden gleich hohen Versicherungsbeitrag pro Kopf vor, unabhängig vom Einkommen, ausgenommen Kinder, Privatversicherungen blieben unangetastet. Das SPD-Modell, unterstützt von Grünen und Linken, heißt »Bürgerversicherung«: Alle Bürger würden in die Versicherungspflicht einbezogen, die Beitragshöhe richtete sich nach dem gesamten Einkommen, Familien blieben beitragsfrei mitversichert, private Vollversicherungen würden abgeschafft und gingen in der Bürgerversicherung auf. Da es nach der vorgezogenen Bundestagswahl 2005 zu einer Großen Koalition gekommen war, konnte sich keine der beiden Parteien durchsetzen. Diese zwei an sich unvereinbaren Modelle wurden vermischt, und heraus kam zum 1. Januar 2009 ein Kompromiss: der Gesundheitsfonds. Was ist das eigentlich?

Bis dahin hatten die Versicherten ihre Beiträge direkt an die Krankenkasse bezahlt, der sie angehörten. Nun werden zwar die Krankenkassenbeiträge wie bisher eingezogen, aber nicht mehr durch die Krankenkasse. Sämtliche Beitragszahlungen landen zunächst alle und ausnahmslos in einem einzigen großen Topf, dem sogenannten Gesundheitsfonds. Aus diesem Fonds erhalten die Krankenkassen nun Geldzuweisungen, gewichtet nach der Zahl ihrer Mitglieder und entsprechend deren Alter und Geschlecht. Die entscheidende Größe für die Höhe der Geldzuweisungen ist allerdings eine andere, nämlich der Krankenstand der Mitglieder, die sogenannte Morbidität: Je mehr Kranke und je schwerere Krankheiten bei den Versicherten einer Krankenkasse vorliegen, desto höher ist die Zuweisung aus dem Gesundheitsfond. Für dieses neu entstandene bürokratische Ungetüm wurde der Begriff des ›Morbiditäts-Risikostrukturausgleichs‹ (M-RSA)[16] erfunden.

Es entwickelte sich nun ein extrem komplizierter Ausgleichsmechanismus zwischen den Krankenkassen. Grundlage dafür ist eine Liste von achtzig chronischen, ausgabenintensiven Erkrankungen. Einzig für die Entwicklung des krankheitsorientierten Klassifikationssystems wurde ein Wissenschaftlicher Beirat neu gegründet. Die Krankenkassen müssen Diagnosen und Arzneimittel ihrer Versicherten erfassen, anonymisieren und einmal im Jahr an das Bundesversicherungsamt melden. Je schwerer die Erkrankungen sind und je mehr Erkrankungen von der »Liste der 80« eine Krankenkasse an das Bundesversicherungsamt melden kann, desto mehr Geld erhält sie aus dem Gesundheitsfonds. Eine nicht ganz unwichtige Besonderheit ist die Berücksichtigung eines »Länderausgleichs« als sogenannte »Bayern-Regelung«, die verhindern soll, dass eine Umverteilung von relativ reichen zu relativ armen Bundesländern stattfindet.

Die Folge dieses Paradigmenwechsels war wie ein Donnerschlag bis in die letzte Praxis des Landes zu spüren. Die Krankenkassen waren ab sofort nicht mehr daran interessiert, möglichst gesunde Versicherte in ihren Reihen zu haben, die eher wenig Ausgaben generieren. Im Gegenteil: Je schwerer die Krankheit, desto mehr Geld gibt es für die Kassen. Es schwärmten nun speziell ausgebildete »Berater« über das Land und besuchten die Arztpraxen. Ihre Botschaft war, dass ein grippaler Infekt doch als Verdacht auf Lungenentzündung verschlüsselt werden, hinter einer Schwindelattacke ein leichter Schlaganfall stecken und ein Rückenschmerz zum Leitsymptom einer rheumatischen Erkrankung erklärt werden könnte. Das Ganze nannte man harmlos »Upcoding«[17], denn die Diagnosen wurden ja codiert an die Krankenkassen weitergemeldet. Es gab für Ärzte und Ärztinnen, die an diesem Upcoding teilnahmen, seitens der Krankenkassen sogar eine Prämie pro Fall. Nachdem diese kriminellen Praktiken durch Whistleblower aus immer mehr Arztpraxen bekannt geworden waren, distanzierte sich schon 2008 der AOK-Bundesverband davon, aber noch 2016 konnte Jens Baas, der Chef der Techniker Krankenkasse, der mit fast zehn Millionen Mitgliedern größten deutschen Krankenkasse, einen Sturm im Blätterwald auslösen, sogar Staatsanwaltschaften hat er geweckt. Seine skandalträchtige Äußerung in einem Interview mit der Frankfurter Allgemeinen Sonntagszeitung lautete, dass Krankenkassen ständig weiter »schummeln« würden und Ärztinnen und Ärzte weiterhin zu ständigem Betrug und Veruntreuung[18] anhielten. Und so kam es noch 2018 zu Durchsuchungen der Zentrale der Barmer Ersatzkasse: »Mitarbeiter von Deutschlands zweitgrößter Krankenkasse sollen mit Hilfe falscher Daten Geld aus dem Gesundheitsfonds abgezogen haben.«[19]

Die Ursache für die genannten Perversionen erkennt man schon am Namen dieses Gesundheitsfonds-Gesetzes. Es hieß bezeichnenderweise »Gesetz zur Stärkung des Wettbewerbs in der gesetzlichen Krankenversicherung«. Es stellt sich an dieser Stelle die Frage, worum Krankenkassen eigentlich konkurrieren könnten. Die grandiose Idee der allgemeinen Krankenversicherung bestand ja in der Abdeckung des ökonomischen Erkrankungsrisikos des Einzelnen durch die Solidarität aller. Dass nun Krankenkassen miteinander konkurrieren, hat mit der ursprünglichen Idee und ihrem eigentlichen Auftrag nichts mehr zu tun. Der gesetzliche Auftrag ist für alle Kassen der gleiche, eine Konkurrenz also schon allein dadurch eigentlich ausgeschlossen.

Man muss hier weitergehen und fragen, warum man überhaupt so viele Krankenkassen braucht, wenn doch alle den gleichen Auftrag zu erfüllen haben. Es gab einmal fast 10 000 Krankenkassen, 1970 waren es noch fast 2 000, heute sind es noch etwa achtzig. Ist dadurch etwa ein Schaden entstanden? Nein. Und nichts spricht dagegen, dass es nur noch eine Krankenkasse geben sollte. Es wäre natürlich eine erhebliche Ersparnis, die achtzig Verwaltungen, Verwaltungssitze, Vorstände und Aufsichtsgremien durch eine einzige zentrale Krankenkasse zu ersetzen. In einer Reihe von europäischen Ländern ist das verwirklicht, und dort sind die sozialen Zustände keineswegs schlechter als bei uns: Sind die skandinavischen Länder, sind Österreich, Holland oder Italien sozialpolitische Wüsteneien? Im Gegenteil! Außerdem ist der Gesundheitsfonds selbst schon der Beweis, dass es nur einer einzigen Krankenkasse bedarf, auch wenn das sicherlich nicht die Absicht seiner Erfinder war. Aber statt jetzt den einmal geschaffenen Gesundheitsfonds umgehend als einheitliche Krankenversicherung zu nutzen, wird das zentral gesammelte Geld wieder in die alten Strukturen hinein aufgeteilt: ein Schildbürgerstreich, Geldverschwendung und Bürokratie pur.

4 Krankenhäuser

Im Gesundheitswesen sind Gewinnstreben und Profitorientierung nichts Neues. Alle Pharmafirmen von Bedeutung sind börsennotiert und ihren Shareholdern verpflichtet, überwiegend als weltweit agierende Konzerne. Das gilt auch für die Hersteller von Geräten und Hilfsmitteln, die die Medizin braucht. Noch nicht so lange gibt es allerdings Konzerne, die Krankenhäuser aufkaufen und Arztpraxen als Medizinische Versorgungszentren betreiben, und das auch als Aktiengesellschaften. Diese Geschichte begann vor etwa 50 Jahren.

Der erste Schritt:
Das Krankenhausfinanzierungsgesetz

Eine grundsätzliche Veränderung trat nach dem Krankenhausfinanzierungsgesetz von 1972 ein. Mit diesem Gesetz wurde die öffentliche Finanzierung der Krankenhausinvestitionen eingeführt, die es so vorher nicht gegeben hatte. Die Krankenkassen zahlten bis dahin erbärmliche Pflegesätze weit unter den Kosten; die Defizite mussten von den Trägern gedeckt werden, also vor allem von den

Kommunen und den Kirchen. Für private Investoren war das völlig uninteressant. Mit dem Krankenhausfinanzierungsgesetz aber wurde die Investitionsfinanzierung durch die Länder (bis Anfang der 1980er Jahre auch mit Bundeszuschüssen) eingeführt, von der nun alle Plankrankenhäuser profitierten. Das erst machte Krankenhäuser jetzt auch für private Investoren attraktiv, vor allem für Betreiber von Reha-Kliniken, die seit jeher mit Verträgen mit den Rentenversicherungsträgern viel Geld gemacht hatten, das sie jetzt auch in Akut-Krankenhäusern anlegen konnten.

Die Rhön-AG mit ihrem Gründer Eugen Münch ist ein klassischer Fall dafür. Der erste Krankenhauskonzern Rhön-Klinikum AG ging aus einer maroden Kurklinik in Neustadt/Saale hervor, wo der Konzern heute noch seine Zentrale hat. Große Anteile der Klinik gehörten in den 1970er Jahren der Familie Guttenberg, ihre Postadresse ist bis heute die von-Guttenberg-Straße 11. Sie holte den Berater Eugen Münch, der die Klinik durchsanierte, sie später übernahm[1] und in eine Aktiengesellschaft überführte. Münch war damals noch kein Haifisch-Sanierer, sondern ein sehr guter Betriebswirt. Er fand als Erster heraus, dass man nicht nur mit dem Drücken von Personalkosten Kliniken sanieren kann, sondern auch durch das Senken von Energie- und Betriebskosten. Das weiß heute jeder gute Klinikleiter, aber damals war das neu. Die moderne Medizin hat mit ihrem hohen technischen Aufwand zwangsläufig hohe Energiekosten. Außerdem erkannte Münch, dass die Investitionszeiträume von Krankenhäusern wegen des medizinisch-technischen Fortschritts stark gesunken waren. Früher plante man den Neubau von Krankenhäusern für einen Zeitraum von vierzig bis fünfzig Jahren. Heute sind sie schon nach zwanzig bis fünfundzwanzig Jahren abrissreif, weil die veränderten medizinischen Abläufe ganz andere Räumlichkeiten verlangen. Mit diesem Knowhow traf Münch auf verkaufswillige Kommunen, die mit ihren Krankenhäusern rote Zahlen schrieben. Noch bis in die 1990er Jahre hinein gab es kommunale Kliniken, wo jede Stelle und der gesamte Haushalt immer erst vom Stadtrat genehmigt werden mussten. In vielen Häusern gab es noch keine ordentliche Kostenstellenrechnung und keine doppelte Buchführung, obwohl das im Krankenhausfinanzierungsgesetz vorgesehen war.

Die Privatisierung der Krankenhäuser hat also drei Wurzeln: zum einen den Einstieg in private Kurkliniken (zuerst Rhön, später kam Sana dazu), zweitens die antiquierte ökonomische Struktur kommunaler und kirchlicher Krankenhäuser und drittens das Bestreben vieler Kommunen, sich diesen Klotz vom Bein zu schaffen. Zu diesem Zeitpunkt sprang dann auch noch Kapital aus dem medizinisch-industriellen Komplex (Fresenius) mit auf den neuen, vielversprechenden Markt. Viele Kommunen hätten ihre Krankenhäuser zwar selbst sanieren können, aber sie vertickten ihre Kliniken lieber. Das war zwar ökonomisch nicht erforderlich und politisch dumm, aber so war es am einfachsten.

Der zweite Schritt:
Das Selbstkostendeckungsprinzip

Neben der Investitionsfinanzierung durch die Länder wurde mit dem Krankenhausfinanzierungsgesetz das Selbstkostendeckungsprinzip neu eingeführt. Es bedeutete, dass die Krankenkassen für den laufenden Betrieb aufkommen müssen. Das Ganze nennt man duale Krankenhausfinanzierung; salopp gesagt: Die Länder sind für die Hardware zuständig (Bauten, Einrichtung, Modernisierungen) und die Krankenkassen für die Software (Personal, Unterhalt). Jetzt waren Krankenhäuser auf einmal auch für private Träger attraktiv: ein vollkommen risikofreies Geschäft, denn Einnahmen und Gewinne waren durch die gesetzlichen Rahmenbedingungen praktisch garantiert.

Die duale Krankenhausfinanzierung ist daran gescheitert, dass die Länder ihrem gesetzlichen Auftrag nicht nachkamen und das bis heute nicht tun.[2] Obwohl die Inflationsentwicklung von 2000 bis 2020 eine Steigerung der Investitionen von mehr als einem Drittel von den Landesregierungen verlangt hätte, hat sich die Investitionsfinanzierung durch die öffentliche Hand in den letzten zwanzig Jahren halbiert! Die Länder ignorierten schlicht ihren gesetzlichen Auftrag. Das ist bis heute ein entscheidender Grund für die zunehmend katastrophale finanzielle Situation von Krankenhäusern. Da Investitionen bis hin zu Neubauten unumgänglich waren, entnahmen die Krankenhäuser das notwendige Kapital nun aus dem laufenden Unterhaltsbereich und waren zudem gezwungen, Kredite auf dem freien Markt aufzunehmen, da sich die laufenden Einnahmen nicht grenzenlos für Investitionen anzapfen ließen. Eine Spirale setzte ein, denn durch das Bedienen der immer mehr anwachsenden Kredite fehlte ausreichend Geld für Renovierungen und eine genügende Personaldecke. Die Substanz der Krankenhäuser nahm immer mehr Schaden. So konnte ein Krankenhaus nach dem anderen für wenig Geld in den Schoß von Investoren fallen.

Die öffentlichen und freigemeinnützigen Krankenhäuser waren oft nur mit bescheidener betriebswirtschaftlicher Kompetenz geleitet worden. Es gab kein effektives Kostenmanagement. Stattdessen waren politische Ränkespiele an der Tagesordnung. Und wenn ein Krankenhaus weit genug heruntergewirtschaftet war und mit zunehmenden Defiziten die öffentlichen Haushalte belastete, konnte man sich nicht mehr damit brüsten. So wollten mancher Landrat oder Bürgermeister die Problemfälle lieber rasch loswerden als sanieren. Eine Vielzahl schlecht geführter und defizitärer kommunaler Krankenhäuser kam so unter die Räder und wurde verkauft.

Der dritte Schritt: DRG und CMI

Der nächste Privatisierungsschritt kam dann in den 2000er Jahren, nachdem eine grundlegende Umstellung der Krankenhausfinanzierung Gesetz geworden war. Es wurden die Diagnosis Related Groups eingeführt. Bis dahin waren die laufenden Unterhaltskosten der Krankenhäuser mit Tagessätzen finanziert worden: Für jeden Tag Liegezeit erhielt das Krankenhaus eine bestimmte Pauschale, den sogenannten Tagessatz, der zuvor mit den Krankenkassen ausgehandelt worden war – ein System vergleichbar mit Tarifverhandlungen. Dieses zeitorientierte System wurde zwischen 1999 und 2002 schrittweise durch ein diagnoseorientiertes System, die sogenannten Fallpauschalen, abgelöst. Von da an wurden die Krankenhäuser nach der Zahl und Schwere der behandelten Fälle bezahlt. Diese fundamentale Umstellung hatte tiefgreifende Auswirkungen.[3] Bisher waren die Krankenhäuser nach der Liegezeit bezahlt worden, also hatten sie versucht, die Liegezeit möglichst zu verlängern. Wenn man aber nun stattdessen nach der Fallzahl bezahlt wird, dann muss man die Liegezeit so kurz wie möglich halten, denn nur so kann man die Fallzahl erhöhen. Wenn man nach der Schwere der Diagnosen bezahlt wird, muss man die Diagnosen so schwerwiegend wie möglich deklarieren. Es kommt also zu einer Liegezeitverkürzung, zu einer Fallzahlerhöhung und zu einem enormen Anwachsen der Controlling-Abteilungen, um im gleichen Zeitraum wie bisher maximal viele Fälle und maximal schwere Diagnosen abrechnen zu können. Die Zahl der Patient:innen stieg um ein Fünftel an. Da damit zugleich der Arbeitsdruck in den Krankenhäusern enorm anstieg, setzte eine weitere zerstörerische Spirale ein: In Verbindung mit massiven Stellenstreichungen, die ein wichtiger Bestandteil der Sanierungskonzepte der wachsenden privaten Krankenhauskonzerne waren, wurde die medizinische Arbeit insbesondere im Pflegebereich immer schwieriger. Eine Fluchtbewegung von Zehntausenden von Pflegekräften trat ein, von der sich das Gesundheitswesen bis heute nicht erholt hat.

Natürlich war nicht nur der Pflegebereich betroffen. Die Dramatik des Zerstörungsprozesses wird auch in unendlich vielen Berichten über die Deformation der ärztlichen Arbeit unter dem Diktat der DRGs deutlich, von denen hier nur einer davon stellvertretend zitiert werden soll: »Als ich meinen Einsatz auf der Intensivstation hatte, saß jeden Morgen der Abrechnungsassistent mit in der ärztlichen Übergabe und hat ›Empfehlungen‹ gegeben, wie v. a. die preisintensiven Behandlungen zu führen seien. Dass Patient X doch am Besten erst morgen dekanüliert werden sollte, selbst sterbende Patient*innen sollten noch eine Weile gehalten werden, bis die nächste Abrechnungsstufe erreicht war. Und es gab großen Ärger, immer mit dem Verweis auf unsere Arbeitsplätze, wenn ein Zyklus Dialyse vor den 72 Stunden abbrach. Ich habe mehrere Fälle von blutigen Entlassungen erlebt, in denen die Menschen nicht mal in der Lage waren, ihre Wohnung im 3. Stock zu erreichen, bevor sie kollabierten und als neuer Fall wieder aufgenommen werden konnten. Patient:innen, denen Herzinfarktsymptome abgesprochen und ignoriert wurden und denen erst nachgegangen wurde, als eine Prozedur anstand. Ständige Ermahnungen, wenn ich das teurere und bessere Medikament nutze statt das unsinnige für 50 ct.

Und eigentlich ging es schon los, als ich studierte, genau zu der Zeit, als dort die erste privatisierte Uniklinik stand. Die klinische Ausbildung fand vielleicht zu 50 % statt und war unterirdisch. Kurz: die DRG begleiten mich mein gesamtes berufliches Leben und schränken die Art, wie ich praktizieren möchte, massiv ein, die Versorgungsqualität ist grausam, Menschen leiden, unnötige Prozeduren werden vorgenommen, und ich hadere jeden Tag, ob ich das Weitermachen wirklich mit meinem Gewissen vereinbaren kann, und gebe in dem Rahmen mein Bestes. Aber als Assistentin hat man keine Chance, es gibt keine Alternative, Facharztreife und damit selbstbestimmtes Arbeiten möglich zu machen. Auch in diesem Haus hatten sich die Finanzplaner verkalkuliert, eine Million Gewinn war erwartet, ›nur‹ eine halbe wurde erwirtschaftet. Falsche Berechnungen wurden als reale Verluste betrachtet und das ärztliche Team von 32 auf 26 gekürzt.«[4]

Aus der Systematik des DRG-Systems ergibt sich der sogenannte Case Mix Index (CMI). Der Case Mix Index ist der Durchschnitt aller DRGs, die ein Krankenhaus gegenüber den Kassen zur Abrechnung bringt. Je höher der Case Mix Index, desto höher die Vergütung. Erreicht eine Abteilung den von der Krankenhaus-Geschäftsleitung vorgegebenen Case Mix Index nicht, so droht ihr die Schließung. Erreicht ein ganzes Krankenhaus die Gewinnzone nicht, dann droht ihm die komplette Schließung oder der Verkauf. Das führt dazu, dass die Geschäftsführungen den enormen Druck, unter dem sie stehen, an die ärztlichen und pflegerischen Berufe weitergeben. Diese werden zu ökonomischem Denken in Gewinn- und Verlustkategorien gezwungen und verlieren dabei notgedrungen den eigentlichen ärztlichen und pflegerischen Auftrag aus dem Auge. Dieser Auftrag wird zunehmend bedeutungslos, denn defizitäre Abteilungen werden geschlossen, egal ob sie – gesellschaftlich betrachtet – gebraucht werden oder nicht. Die Unterfinanzierung durch die DRGs lässt sich bislang am deutlichsten bei den Kinderkliniken und den Kreißsälen beobachten, die hierzulande reihenweise geschlossen werden. Auch ist eine enorme Zunahme von operativen Eingriffen mit hoher Vergütung gegenüber einem rasanten Rückgang einer »sprechenden« Beziehungsmedizin überall zu beobachten.

Nur das Krankenhaus also, das mit möglichst geringen Kosten möglichst viele Kranke in möglichst kurzer Zeit behandeln konnte, machte nun Gewinne. Wer sich auf zeitraubende empathische Medizin einließ, machte Verluste. Unternehmensberater waren plötzlich überall. Deren Frage war nicht: Was brauchen die Kranken?, sondern: Was bringen sie ein? Deren Frage war nicht: Wie viele Ärzt:innen und Pflegekräfte werden für eine gute Medizin gebraucht?, sondern: Wie viele Stellen kann man streichen? Das Fatale an diesem Bezahlsystem war und ist die Verknüpfung der medizinischen Tätigkeit und der Diagnose mit der Höhe der Bezahlung. Weil allein die Diagnosen die Einnahmen des Krankenhauses generieren, werden sie zum zentralen Zielobjekt der Ökonomen. Tausende von Kodierfachkräften und Medizincontrollern der Krankenhäuser kämpfen seitdem mit Tausenden von

Kodierfachkräften und Medizincontrollern der Krankenkassen um jeden Euro.

Verzweiflungsverkäufe

Eine rasante Entwicklung ist eingetreten: Zwischen 2002 und 2010 hat sich der Marktanteil der Krankenhausbetten in privatem Konzernbesitz von 8,9 auf 16,0 Prozent fast verdoppelt. Ein weiterer Trend ist, wie schon gesagt, die Umwandlung von Häusern mit öffentlicher oder kirchlich/gemeinnütziger Trägerschaft in privatrechtliche Unternehmen (GmbHs usw.). Gemessen an den Krankenhausbetten haben heute knapp 50 Prozent der öffentlichen Krankenhäuser eine private Unternehmensform, 2002 waren es noch 27 Prozent. Dafür sind ausschließlich betriebswirtschaftliche Gründe ausschlaggebend.[5] Die Medizin bzw. die medizinische Versorgung der Bevölkerung spielt dabei überhaupt keine Rolle. Eine beispiellose Privatisierungswelle von öffentlich geführten Krankenhäusern überrollt bis heute das Land.

So kam es zu Verzweiflungsverkäufen wie beispielsweise in der hochverschuldeten Stadt Offenbach, wo das Städtische Krankenhaus im April 2013 für einen Euro an den Sana-Konzern »verkauft« wurde. Offenbach hatte zuvor seinen dringend notwendigen Krankenhausneubau aus dem städtischen Haushalt selbst finanziert, weil das Land Hessen über Jahre seinen Finanzierungs- und Instandhaltungsverpflichtungen nicht nachgekommen war.

Bald aber stellte sich heraus, dass weder die Stadt Offenbach und schon gar nicht das Krankenhaus einen solchen Schuldendienst auf Dauer bedienen konnten, der durch die chronisch-defizitäre Bilanz des Krankenhauses außerdem auch noch Jahr für Jahr anwuchs. Nun übernahm Sana das Krankenhaus für den einen symbolischen Euro. Die Schulden übernahm man natürlich nicht! Diese lasteten weiter und lasten bis heute und noch auf viele, viele Jahre hinaus auf dem städtischen Haushalt. Sana hingegen macht inzwischen seinen Shareholdern große Freude: Im Jahr 2020 erwirtschaftete der private Klinikbetreiber einen Gewinn von knapp sechzig Millionen Euro.

Ein weiteres, besonders gravierendes Beispiel ist ebenfalls aus Hessen zu vermelden: Nachdem die hessische Landesregierung untätig und seelenruhig zugesehen hatte, wie die Substanz der Unikliniken Marburg/Gießen über Jahre nachhaltig ruiniert wurde, indem sie auch hier ihren gesetzlichen Auftrag der »Hardware«-Finanzierung völlig ignorierte, kam es erstmals in Deutschland zur Privatisierung einer Universitätsklinik. Wenn vor Jahren jemand prophezeit hätte, dass jemals eine Universitätsklinik privatisiert werden würde, hätte man ihm den Vogel gezeigt. Aber die Wandlungsprozesse der letzten Jahre kannten und kennen kein Tabu. Nach der Fusion der Universitätskliniken Marburg und Gießen 2005 wurden umgehend 95 Prozent der Geschäftsanteile für 112 Millionen Euro an den Rhön-Klinikkonzern verkauft. Inzwischen lässt die hessische Landesregierung eine Gelegenheit nach der anderen vergehen, um diesen historischen Fehler wieder rückgängig zu machen. Eine Petition dieses Inhalts, unterschrieben von knapp 20 000 Bürgern aus der Region, wurde ignoriert. Im Gegenteil: Jüngst erhielt der jetzige Betreiber Asklepios die Zusage der Landesregierung über Zuschüsse von knapp einer halben Milliarde Euro.

Während bundesweit Krankenhäuser rote Zahlen schrieben, versprachen die Rhön-Kliniken ihren Aktionären eine Rendite von 10 Prozent. Und sie hielten ihr Versprechen! Aber woher kommen diese 10 Prozent? Wieso kann ein privater Klinikbetreiber solche Gewinne machen, während die öffentlichen Häuser ein ums andere Jahr rote und rötere Zahlen schreiben? Die Antwort ist ganz einfach: Dazu muss man Tarifverträge mit Füßen treten, muss unrentable Abteilungen schließen sowie überall Personal einsparen, und man muss Fremdleistungen von Lohndrückerfirmen in Anspruch nehmen, wo und wann immer das geht. Die Privatisierungswelle von Krankenhäusern hat bundesweit viel Unheil angerichtet, aber der Verkauf zweier Universitätskliniken an einen börsennotierten Klinikkonzern war und ist der Gipfel, ein absolutes Novum. So etwas hatte es bis 2005 europaweit noch nicht gegeben. So etwas hat es aber auch danach nie wieder gegeben, denn dieses Konzept der privaten Übernahme einer Universitätsklinik ist grandios gescheitert. Alle Warnungen wurden hier in den Wind geschlagen. Ein Gutachten der Arbeitsgemeinschaft Hochschulmedizin des Deutschen Hochschulverbandes, einer Vereinigung von über 30 000 Wissenschaftlern, stellte schon 2013 fest: »Die Erfahrungen am Klinikum Gießen/Marburg haben gezeigt, dass die von dem privaten Unternehmen geforderten Renditeerwartungen mit den Aufgabenfeldern eines Universitätsklinikums nicht in Einklang zu bringen sind.«[6] Daran hat sich bis heute nichts geändert. Die Privatisierung weiterer Universitätskliniken, etwa in Kiel, Lübeck, Frankfurt am Main oder in Halle, ist wahrscheinlich nur deswegen gescheitert, weil das Universitätsklinikum Gießen/Marburg deutschlandweit ein derart abschreckendes Beispiel gegeben hat.

Sozialsystem oder Wirtschaftszweig

Deutschland hat inzwischen den weltweit höchsten Anteil von Krankenhausbetten im Besitz privater Gesundheitskonzerne. Die Umstellung der Krankenhausfinanzierung vom Tagessatz zu den DRGs war mit einer Schließung von mehr als einem Drittel der Krankhausbetten verbunden. Da die Liegezeit dem Krankenhaus keinerlei finanziellen Vorteil mehr bringt, ist diese inzwischen von über 14 Tagen im Jahr 1991 auf 7,6 Tage im Jahr 2012, also auf etwa die Hälfte, gesunken. Die Arbeitsintensität für ärztliches und Pflegepersonal änderte sich dadurch massiv. Bei der Verdoppelung der Krankenhausträgerschaft unter privatwirtschaftlichem Kalkül ist gleichzeitig ein Kahlschlag im Pflegebereich eingetreten: Es wurden in den letzten Jahren mehr als 50 000 Stellen gestrichen. Man kann ohne Übertreibung sagen, dass die Krankenhausmedizin inzwischen zu einer Art von getaktetem Fließbandbetrieb geworden ist, und auch in Arztpraxen werden die medizinischen Entscheidungen inzwischen mehr und mehr ökonomischen als medizinischen Kriterien unterworfen. Man muss kein Mathematikgenie sein, um sich bei der Halbierung der Liegezeit, also einer Verdoppelung der Fallzahlen, und gleichzeitiger massiver Betten- und Stellenstreichung die Arbeitsbelastung des Personals vorzustellen.

Immer größere Bereiche des Gesundheitswesens gehorchen inzwischen den Gesetzen des Marktes, der Börse, der Wirtschaft. Dass diese Gesetze mit den Zielen eines Sozialsystems und den Aufgaben einer Humanmedizin nicht vereinbar sind, ist vielfach gezeigt worden. Folgerichtig hatte mit Mecklenburg-Vorpommern ein erstes Bundesland jahrelang kein Gesundheitsministerium mehr. Es war 2016 dem Wirtschaftsministerium zugeschlagen worden – erst im November 2021 wurde es mit der Neubildung einer rot-roten Koalition wieder zu einer Abteilung des Sozialministeriums.[7]

Medizinische Versorgungszentren

Die Privatisierung und damit die Orientierung an Renditezielen haben im Krankenhausbereich begonnen. Inzwischen greifen die Klinikkonzerne auch mehr und mehr nach dem ambulanten Medizinbetrieb, beispielsweise durch den Aufkauf von freiwerdenden Arztsitzen und Gründung sogenannter Medizinischer Versorgungszentren (MVZ).[8] Die Kooperationsform MVZ gibt es überhaupt erst seit dem »Gesundheitsmodernisierungsgesetz« aus dem Jahr 2004, als es mit dem § 95 des Fünften Sozialgesetzbuches in die vertragsärztliche Versorgung eingeführt wurde. Der Vorsitzende der Kassenärztlichen Vereinigung Hamburg, Walter Plassmann, berichtete auf einer Tagung der Freien Ärzteschaft im November 2021 in Berlin[9] über zunehmende Übernahmen von Arztpraxen durch private Investoren. Private-Equity-Käufe durch private, branchenfremde Kapitalgeber gab es 2007 bei einem einzigen MVZ, 2021 waren es schon 138, die Gesamtzahl betrug Ende 2021 über 500 der insgesamt knapp 4000 MVZs bundesweit. Plassmann warnte davor, dass es dadurch zu gravierenden Veränderungen in der ambulanten medizinischen Versorgung kommen werde. Bereits jetzt seien in der Hansestadt 30 Prozent der niedergelassenen Ärzte angestellt, in immer mehr Fachrichtungen gebe es keine Zulassungen mehr, immer öfter übernähmen Medizinische Versorgungszentren die Arztsitze. Eine ganz neue Entwicklung auf diesem Markt seien die sogenannten »weißen Ritter«, die in gutem Gewand daherkämen und Kapital aus Familienvermögen investierten, in Hamburg beispielsweise die Verlegerfamilie Bauer oder die Familie Herz, die mit dem Unternehmen Tchibo verbunden ist.

Bei den Medizinischen Versorgungszentren ist also die gleiche Entwicklung zu beobachten wie bei den Krankenhäusern, nachdem sie privatisiert worden sind: Nicht die medizinischen Notwendigkeiten oder der lokale, regionale Bedarf sind für Investoren entscheidend, sondern einzig die Rendite. Deswegen boomen gut bezahlte Bereiche der ambulanten Medizin wie Labormedizin, Radiologie, Onkologie, Kardiologie, Nephrologie oder Augenheilkunde. Plassmann machte auch auf den Unterschied zwischen »strategischen Investoren« wie Asklepios oder Helios und »reinen Finanzinvestoren« aufmerksam. Die einen engagieren sich langfristig im Gesundheitswesen, die anderen sind nur so lange zur Stelle, wie satte Gewinne winken.

Alles in einer Hand

Die geplanten Gründungen von konzerneigenen Krankenkassen lassen erkennen, dass die Konzepte längst nicht mehr nur eine horizontale Expansion in Form von immer mehr Krankenhäusern, immer mehr Medizinischen Versorgungszentren anstreben, sondern eine vertikale Organisation: Die gesamte gesundheitliche Versorgung soll in eine Hand, von der Wiege bis zur Bahre, vom Kreißsaal über die kinderärztliche, hausärztliche und fachärztliche Versorgung bis zur stationären Behandlung, kurativ und am Ende des Lebens auch palliativ, lückenlos und lebenslang, mit konzerneigener Krankenversicherung – das ist die gewinnversprechende Vision. Dies alles geschieht planlos, nicht nach Bedarf, sondern nach Bilanz, nicht mit Verstand, sondern den Gesetzen des Marktes gehorchend.

5 Gier

Verwirrende Begriffe: »Medizin« wird mit »Medikament« gleichgesetzt. Oder verwechselt. Man nimmt seine »Medizin« ein. Um die Medizin, also das Medikament, dreht sich alles. Die Medizin, also die Heilkunde, wird auf die Medizin, also auf das Medikament, reduziert. Und daher ist die Pharmaindustrie so mächtig. Man ist ihr ausgeliefert. Dass ein kritisches Buch über die Zustände in unserem Gesundheitswesen auch ein Kapitel über die Pharmaindustrie enthalten muss, ist eine Selbstverständlichkeit, obwohl es ja eigentlich nichts Neues gibt. Alles ist bekannt. Erfundene Krankheiten (sogenanntes Disease Mongering), Anwendungsbeobachtungen, intensive, intransparente Lobbyarbeit, illegale Preisabsprachen, irreführende Werbung – Die Liste ist noch viel länger.

Es gibt kein Verbrechen, dessen sich die Pharmaindustrie noch nicht schuldig gemacht hat. Manipulation oder Unterdrückung von Studiendaten, gekaufte Wissenschaftler, Erpressung, Verleumdung und Menschenversuche mit katastrophalem Ausgang – alles ist längst bekannt. »Zwei Drittel aller Pharmafirmen (sind) von Wirtschaftskriminalität betroffen«[1] , stellen selbst weniger systemkritische Beobachter wie die Wirtschaftsprüfungsgesellschaft PricewaterhouseCoopers fest. Der Pharmakonzern GlaxoSmithKline war allein in den USA zwischen 2003 und 2016 mit 27 verlorenen Prozessen und fast zehn Milliarden Dollar Strafzahlungen Spitzenreiter bei den Verurteilungen in Verfahren um überhöhte Preise, Zulassungsverstöße, Schmiergelder, irreführende Werbung, Verschweigen negativer Untersuchungsergebnisse, Umweltverschmutzung, Bestechung, Steuerbetrug und Insidergeschäften. Unter den 22 untersuchten Firmen waren mit Bayer (13 Verstöße und 603 Millionen US$ Bußgelder) und Boehringer Ingelheim (7 Verstöße und 416 Millionen US$ Bußgelder) auch zwei deutsche Firmen. Die Gesamtsumme der Strafzahlungen in diesem Zeitraum belief sich allein in den USA auf 33 Milliarden Dollar.[2]

In den vergangenen zehn Jahren hat sich der Arzneimittelmarkt völlig verändert. Es sind nur noch wenige gigantische Großkonzerne, salopp Big Pharma genannt, welche die Arzneimittelproduktion und -distribution der Welt in ihren Händen halten. Sie verfügen über einen immensen Reichtum, sodass beispielsweise die gerade erwähnten Strafzahlungen nur etwa 1,5 Prozent ihrer Umsätze ausmachen und aus der Portokasse beglichen werden. Es ist ein Leichtes für solche Unternehmen, die Gesundheitspolitik ganzer Staaten zu beeinflussen.

Entgegen einer weit verbreiteten Meinung verdankt die Menschheit fast alle Fortschritte der medikamentösen Behandlung von Krankheiten Wissenschaftlern in Universitäten und begnadeten einzelnen Forschern, nicht aber den Laboren der Pharmaindustrie. Die Pharmaindustrie kauft solche Erkenntnisse auf und weiß sie als eigene Leistungen (»Ihre forschende Arzneimittelindustrie«) zu verkaufen, weiß vor allen Dingen, wie sie gewinnbringend zu vermarkten sind. Dass es dabei weder um Anstand noch um Moral geht, dürfte bekannt sein. Es geht ausschließlich um Geld. Beispiele gibt es unendlich viele. Stellvertretend folgen hier zur Illustration nur einige davon, die mehr oder weniger bekannt geworden sind.

Contergan

Contergan war Ende der 1950er Jahre ein Pfennigmedikament. Dreißig Tabletten kosteten etwas mehr als drei Mark. Als Schlafmittel war es ein Blockbuster, aber als Anfang der 1960er Jahre klar wurde, dass Contergan für zehntausendfache embryonale Entwicklungsstörungen verantwortlich war, nahm die Firma Grünenthal das Medikament 1961 – gezwungenermaßen – endlich vom Markt, wehrte sich aber jahrzehntelang vehement dagegen, die Opfer zu entschädigen.

Diese Geschichte ist an sich schon schlimm genug, aber sie geht noch weiter. Viele Jahre später erkannte man, dass Thalidomid bei schwereren Formen der Lepra und beim Plasmozytom, einem Knochenmarkkrebs, heilsam eingesetzt werden kann. Während Thalidomid unter dem Namen Contergan eine Weile noch für wenige Mark rezeptfrei zu haben war, wurde durch eine völlig unbedeutende chemische Änderung an einer Hydroxylgruppe ein »ganz anderes« Medikament daraus, jetzt Revlimid genannt. Dieses angeblich völlig neue Medikament wurde nach einem neuen Zulassungsprozess nun mit Monatstherapiekosten bis zu 10 000 Euro vermarktet.

Bayer – Glyphosat und Aliqopa

Es wird wohl eines der ganz großen Rätsel der Industriepolitik der letzten Jahre bleiben, warum ein Weltkonzern wie Bayer einen zwar großen, aber seit Jahren hochumstrittenen Chemiekonzern namens Monsanto 2016 für 66 Milliarden Dollar gekauft hat. Monsanto stand schon länger unter gewaltigem öffentlichen und juristischen Druck wegen seines Pflanzenschutzmittels Glyphosat, das nicht nur für schwere negative Folgen wie Artensterben und Veränderungen des biologischen Gleichgewichts unseres Planeten verantwortlich gemacht wird, sondern durch immer mehr Studien in immer dringenderen Verdacht geriet, Krebserkrankungen zu verursachen. Milliardenschwere Schadensersatzforderungen drohen bis heute, besonders durch Mammutprozesse in den USA, die zum Zeitpunkt der Übernahme durch Bayer längst begonnen hatten.

Bayer war aber nun nicht nur der Hersteller des Unkrautvernichtungsmittels Glyphosat, das Lymphdrüsenkrebs verursachen kann, Bayer war gleichzeitig auch der Hersteller des Krebsmedikaments Aliqopa, das speziell zur Behandlung von Lymphdrüsenkrebs entwickelt worden war. Man konnte also behaupten: Bayer verursacht Lymphdrüsenkrebs und Bayer behandelt Lymphdrüsenkrebs, das Krebs-Rundum-Sorglos-Paket, ein lukratives Geschäftsmodell. Die Berliner Zeitung taz nahm diesen Sachverhalt auf ihrer Titelseite aufs Korn, die Konzernleitung tobte und klagte. Aber Bayer verlor diesen Prozess. Man darf diese perverse Win-win-Situation also weiterhin beim Namen nennen.

Das Geschäftsmodell erinnert übrigens an den Tabakkonzern Philip Morris, der die Pharmafirma Vectura für 1,4 Milliarden Dollar kaufen will. Vectura hat Inhalationstechnologien entwickelt, mit denen Asthma, COPD und andere durch Rauchen verursachte Lungenschäden behandelt werden können.

Die Babypuder-Insolvenz

Wenn ein Pharmariese es geschafft hat, zu den ersten Covid-Impfstoffherstellern gehört zu haben, sollte er eine stolze Bilanz vorweisen können. Und genauso ist es auch: Johnson & Johnson beispielsweise ist an der Börse im vierten Quartal 2021 mehr als 430 Milliarden Dollar wert, fast hundert Milliarden Dollar mehr als ein Jahr zuvor. Der Konzern hat seinen Umsatz in den ersten drei Quartalen um acht Milliarden Dollar erhöht, fährt einen Gewinn von sechzehn Milliarden Dollar ein und hat Cash-Reserven von 25 Milliarden Dollar. In vollem Lauf, vor Kraft und Gesundheit strotzend und mit prall gefüllten Geldsäcken meldete der Konzern Anfang November 2021 in North Carolina trotzdem Insolvenz an. Wie konnte das geschehen?

Vor einem Gericht in St. Louis konnten Betroffene 2015 nachweisen, dass Johnson & Johnson in vollem Wissen um erhebliche Asbestbeimengungen eines preiswerten Babypuders diesen trotzdem mit gezielter Werbung auch für die Mütter der Babys jahrzehntelang angepriesen hatte. Viele dieser Frauen erkrankten und starben an Ovarialkarzinomen. Johnson & Johnson wurde zu Entschädigungszahlungen von zunächst vier Milliarden Dollar verurteilt, gleichzeitig rollen zurzeit noch über 30 000 weitere Klagen auf den Konzern zu. Der Konzern bestreitet die Vorwürfe zwar, aber einige Gerichte entschieden im Sinne der Kläger:innen. Johnson & Johnson musste bis Anfang 2021 bereits 2,5 Milliarden US-Dollar an Entschädigungen zahlen, weitere Milliarden könnten folgen. Da aber griff man zu einem Trick, Eingeweihten bekannt als »Texas Two-Step«: Man zerlegte den Konzern zunächst in mehr als hundert Einzelgesellschaften, die dann in einem zweiten Schritt wieder vereinigt wurden mit Ausnahme einer einzigen kleinen Gesellschaft namens LTL Management, die mit einem Startkapital von zwei Milliarden Dollar ausgestattet wurde. Deren alleiniges Geschäftsfeld war ab sofort der besagte Babypuder, mit dem der übrige Johnson & Johnson-Konzern nun nichts mehr zu tun hatte. In einem nächsten Schritt wurde der Geschäftssitz von LTL nach North Carolina verlegt, wo ein spezielles Insolvenzrecht solche Machenschaften erlaubt. Die zwei Milliarden Euro waren natürlich rasch aufgebraucht, und mit der resultierenden

Insolvenz kann man nun allen weiteren Entschädigungsforderungen entgehen. So lautet zumindest der teuflische Plan. Ob er vor höheren Gerichten Bestand haben wird, ist noch nicht entschieden.

Purdue und Oxycodon

Nicht vielen bekannt sind die Multimilliardäre der US-amerikanischen Familie Sackler. Sie legen alle auch keinen Wert darauf, bekannter zu werden, denn sie haben ihren immensen Reichtum längst und im Stillen angehäuft. Die Sacklers produzierten seit den 50er Jahren mit der Firma Purdue Pharma das Blockbuster-Medikament Oxycontin, einen Opiat-Abkömmling des Oxycodons und somit ein überaus wirksames Schmerzmittel. Jahrzehntelang zählte es zu den umsatzstärksten Arzneimitteln der Welt. Trotz des enorm hohen Suchtpotenzials von Oxycodon konnte mit Hilfe williger Politiker dessen Rezeptfreiheit durchgesetzt werden. Nicht zuletzt die freie Verkäuflichkeit dieses Opiats wird für die gegenwärtige schlimmste Drogenkrise in der Geschichte der USA verantwortlich gemacht, die gegenwärtig unter den Bedingungen der Corona-Pandemie extrem eskaliert. Das Risiko von Oxycodon wurde und wird von den Sacklers schon immer erfolgreich verharmlost. Aber die weit über 60 000 Drogentoten jedes Jahr in den Vereinigten Staaten sind fast alle durch Sacklers Opiate in die Abhängigkeit gerutscht, während die Kasse klingelte.

Die Familie Sackler hat es fertiggebracht, nicht wegen der von ihnen verursachten Oxycodon-Katastrophe in den Schlagzeilen zu stehen, sondern wegen ihres millionenschweren Mäzenatentums. Das weltberühmte Metropolitan Museum of Art erhielt auf diese Weise einen Sackler-Wing, einen riesigen gläsernen Anbau, in dem der jahrtausendealte ägyptische Tempel von Dendur aufgebaut werden konnte. So kamen auch der Louvre in Paris oder das Guggenheim Museum in New York zu sehr viel Geld. Sacklers förderten das Massachusetts Institute of Technology sowie die Universitäten von Yale, Harvard und Oxford mit Millionen Dollar. Der Reichtum und die vermeintlichen Wohltaten solcher Milliardäre sind aber auf skrupelloser Missachtung von Gesundheit und Leben Hunderttausender gegründet. Als eine Reihe von Klagen immer näher rückten und Gefahr bestand, dass auch das Privatvermögen der Sacklers in Mitleidenschaft gezogen werden könnte, zogen sie in den letzten Jahren zunächst mehr als zehn Milliarden Dollar aus der Firma, um 2019 schließlich Konkurs anzumelden.

Lucentis und Avastin

Die Makuladegeneration ist eine Augenkrankheit. Bei älteren Menschen ist sie die häufigste Ursache von Blindheit. Vereinfacht gesagt, handelt es sich bei dieser Krankheit um eine entgleiste Bildung von winzigen Blutgefäßen, die das Funktionsgewebe im Augenhintergrund verdrängen und zerstören. In der modernen Krebstherapie gibt es schon seit einigen Jahren einen Angiogenesehemmer namens Bevacizumab (Handelsname Avastin), dessen Wirkmechanismus eine Blockade der Gefäßneubildung ist. Damit wird das Tumorwachstum behindert, denn die schnell wuchernden Krebszellen finden keinen Anschluss mehr an die Blutversorgung. Auf dieser Basis wirkt Avastin auch bei der Makuladegeneration und wurde in der Augenheilkunde vielfach eingesetzt, obwohl es eigentlich nur zur Krebstherapie zugelassen war (was man einen Off-label-Use nennt). Off-label-Use ist aber in Deutschland nur dann erlaubt, wenn nicht zur gleichen Zeit ein zugelassenes Mittel für diese Indikation zur Verfügung steht.

Anfang 2007 kam der Schweizer Pharmakonzern Novartis mit dem Medikament Ranibizumab (Handelsname Lucentis) auf den Markt und erhielt sofort die Zulassung zur Behandlung der Makuladegeneration.

Lucentis und Avastin sind aber baugleich, etwa wie Geschwister, sie unterscheiden sich nur durch ihre Molekülgröße. Lucentis hat bezüglich der Wirksamkeit gegen die Makuladegeneration keinerlei Vorteile gegenüber Avastin, was in neun großen Studien nachgewiesen werden konnte. Tatsächlich unterscheiden sich die beiden Präparate aber hinsichtlich der Kosten, und zwar erheblich. Avastin kostet etwa 40 Euro pro Injektion, eine Dosis Lucentis kostet etwa 1300 Euro. Das preiswerte Avastin wird von Hoffmann-La Roche hergestellt, das überteuerte Lucentis von Novartis. Da Hoffmann-La Roche zu 33 Prozent Novartis gehört, macht Hoffmann-La Roche natürlich keinerlei Anstrengungen, die Zulassung von Avastin auch für die Augenheilkunde zu beantragen. Man will ja dem Mutterkonzern kein Leid zufügen, auch wenn dem eigentlich nichts im Wege steht – außer der Gier, der unersättlichen Gier. In Frankreich schob die Wettbewerbsbehörde dem einen Riegel vor und verurteilte Novartis und Hoffmann La-Roche zu einer Strafzahlung von 444 Millionen Euro. Bei einem Umsatz von gemeinsam knapp 100 Milliarden Euro dürfte das jedoch nicht sonderlich ins Gewicht fallen.

Goldman sucks

Was ist eigentlich so schlimm daran, wenn sich immer mehr private Investoren im Gesundheitswesen tummeln? Innovative Konzepte, neues Geld und junge Nachwuchskräfte, die frischen Wind in die verkrusteten Strukturen bringen, das kann doch nicht schaden! Denn das Gesundheitswesen hat sich gewandelt. Es ist zu einer Gesundheitsindustrie, einer Gesundheitswirtschaft geworden. Diese Gesundheitswirtschaft ist ein überaus einträgliches Geschäft. Das beste Geschäft hat dabei schon immer die Pharmaindustrie gemacht. Dabei gab es keine weißen Westen – was so allgemein bekannt ist, dass es eigentlich nicht immer aufs Neue wiederholt werden muss. Wäre da nicht Goldman Sachs, die US-amerikanische Bank mit Hauptsitz in New York. Investmentbanking und Wertpapierhandel sind ihre Hauptgeschäftsfelder. Dabei haben sie es jedoch nie belassen. Goldman Sachs hat Griechenland beim Betrügen geholfen, um der Eurozone beitreten zu können. Goldman Sachs soll Softwarediebstahl und Wertpapierbetrug begangen haben. Goldman Sachs stellte die einflussreichsten Wirtschaftsberater von Donald Trump. Der frühere EZB-Chef Mario Draghi war Vizepräsident von Goldman Sachs. Keine andere Bank hat so viele »Termine« bei der Bundesregierung wie Goldman Sachs. Olaf Scholz holte als Finanzminister den Deutschland-Chef von Goldman Sachs als Staatssekretär zu sich und hat ihn als seinen wichtigsten Wirtschaftsberater mit ins Kanzleramt genommen.

Goldman Sachs hat der Pharmaindustrie seine Expertise zur Verfügung gestellt. Was kommt dabei heraus, wenn Investmentbanker sich mit Gesundheit beschäftigen? Der interne Bericht mit der Überschrift »Die Genom-Revolution« nimmt als Beispiel ein Medikament gegen Hepatitis C, das mit Hilfe der Gentechnik entwickelt worden ist und das »schon nach einer einzigen Anwendung Heilung bringen kann«. Mit den Hepatitis-C-Medikamenten konnte 2015 ein weltweiter Umsatz von 12,5 Milliarden Dollar erzielt werden, aber schon 2018 waren es nur noch weniger als vier Milliarden. Das Medikament gegen Hepatitis C hat Heilungsraten von etwa 90 Prozent, wodurch der Pool von zu behandelnden Patienten immer kleiner wird, was wiederum Neuinfektionen immer weiter reduziert. Also sinkt der Umsatz und somit auch der Gewinn. Das ist zwar ein fabelhafter Erfolg für alle an Hepatitis-C-Erkrankten und ein enormer Wert für die Gesellschaft, gleichzeitig aber »eine große Herausforderung für die Entwickler der Gentechnik in der Medizin, die nach einem nachhaltigen Cash Flow streben«, sagt Goldman Sachs. Mit anderen Worten: ein schlechtes Geschäftsmodell. Von der Entwicklung solcher Medikamente sollte man Abstand nehmen, sagt Goldman Sachs. Stattdessen sollten sich die Auftraggeber lieber auf Medikamente konzentrieren, bei denen die Patientenzahl stabil, am besten sogar ansteigend sei, also beispielsweise auf Krebsmedikamente. Nur dann bliebe das Geschäft weiterhin gewinnbringend.[3] Besser kann man nicht illustrieren, dass die dem Kapitalismus innewohnende Gier das Gesundheitswesen und die Medizin letztlich zerstören wird. Goldman Sachs sei Dank.

Corona hat alles verändert

In den vergangenen Jahren hat es erhebliche Fortschritte im Umgang mit den Machenschaften der Pharmakonzerne gegeben. Anwendungsbeobachtungen wurden als pseudowissenschaftlicher Unfug erkannt, benannt und untersagt. Kongresse, die von der Pharmaindustrie mit »Mietmäulern«, also gekauften Professor:innen, beschickt wurden, erhielten immer seltener die wichtigen Fortbildungspunkte von den zuständigen Landesärztekammern, sodass die Teilnahme daran unattraktiv wurde. Untersagt wurde auch weitgehend, dass negative Studienergebnisse zurückgehalten werden können, um mit nur positiven Befunden die Fachwelt zu täuschen und Zulassungen zu erschleichen. Seit Corona sind all diese kleinen Schritte

Schall und Rauch. Die Diskussion über die Pharmaindustrie hat jetzt eine völlig neue und ungeahnte Dimension erreicht: Das sind jetzt unsere Retter!

Die panische Angst, in die das ganze Volk durch ständig wiederholte apokalyptische Drohungen von den immer gleichen Protagonisten in den immer gleichen Talkshows versetzt worden war, hat alles andere vergessen lassen. Händeringend hat die verängstigte Welt auf einen Impfstoff gewartet. Unter enormem Zeitdruck, unter Missachtung einiger bisher gültigen Zulassungsschritte und mit Hilfe von milliardenschweren staatlichen Subventionen waren einige Impfstoffe mit einer völlig neuartigen Technologie bereits nach gut einem Jahr »fertig«. In einem obszönen Bieterwettlauf kauften sich die westlichen Staaten Millionen von Impfdosen gegenseitig vor der Nase weg, während Afrika, Südamerika und der ärmere Teil Asiens das Nachsehen hatten. In der Folge machten sich besonders Deutschland und die Europäische Union einen anrüchigen Namen in der ganzen Welt, indem man eine Freigabe der Impfstoffpatente kategorisch ablehnte und bis heute verhindern konnte, selbst wenn das zum eigenen Schaden führt. Beim EU-Gipfel im portugiesischen Porto erklärte Angela Merkel 2020: »Ich habe hier noch einmal deutlich gemacht, dass ich nicht glaube, dass die Freigabe von Patenten die Lösung ist, um mehr Menschen Impfstoff zur Verfügung zu stellen. Ich glaube, dass wir die Kreativität und die Innovationskraft der Unternehmen brauchen.«[4] Es halfen noch nicht einmal die Appelle des amerikanischen Präsidenten Biden oder des UN-Generalsekretärs Guterres, der daher treffend feststellte: »Wenn wir jemanden zurücklassen, lassen wir alle zurück. Wenn es uns nicht gelingt, alle Menschen zu impfen, entstehen neue Varianten, die sich über Grenzen hinweg ausbreiten und das tägliche Leben und die Wirtschaft zum Erliegen bringen.« Er nannte es »beschämend«, dass die Impfquoten in reichen Ländern sieben Mal höher seien als in afrikanischen Ländern. Im Januar 2022 lag die Impfquote in Afrika zwischen 0,2 Prozent im Kongo und 4 Prozent in Äthiopien. Es leuchtet doch unmittelbar ein, dass man eine weltweite Pandemie auf diese Weise nicht unter Kontrolle bekommen kann. Der Skandal der Patentblockade ist vielmehr die Garantie für den nicht endenden Absatz der Impfstoffe. Der Direktor der Africa Centres for Disease Control and Prevention, John Nkengasong, nannte diese menschenverachtende Praxis einen inakzeptablen »Zusammenbruch der globalen Zusammenarbeit und Solidarität«.[5]

Die Impfgewinnler

Da wäre zum Beispiel die erst zehn Jahre alte US-amerikanische Pharmafirma Moderna, ansässig in Cambridge, Massachusetts. Schon der Firmensitz verrät die Nähe zur Harvard University im Großraum Boston. Gemeinsam entwickelte man den Impfstoff m-RNA 1273. Ein daraus resultierender erbitterter Streit um die Patentrechte zwischen Moderna und drei Wissenschaftlern des National

Instituts of Health dauert bis heute an. Das ist aber bei weitem nicht das Schlimmste. Moderna hat vom amerikanischen Staat 1,4 Milliarden Dollar für die Entwicklung und acht Milliarden Dollar für 500 Millionen Impfdosen erhalten. Bereits abgeschlossene Verträge garantieren bis Ende 2022 einen Umsatz von 35 Milliarden Dollar. Im April 2021 konnte Moderna erstmals in der kurzen Firmengeschichte von einem Quartalsgewinn berichten, dem Impfstoff m-RNA 1273 sei Dank, von dem eine Dosis 14,69 Euro kostet. Im Jahr 2021 verbuchte Moderna einen Nettogewinn von 12,2 Milliarden Dollar. Moderna besteht darauf, mit exklusiven Besitzrechten die alleinige Kontrolle darüber zu behalten, wo ihr Impfstoff hergestellt wird, von wem er hergestellt wird, wie er hergestellt wird und wie viel er kostet. Dass eine derart skrupellose Firma die Freigabe des Patents für die armen Staaten dieser Welt auch nur in Erwägung zieht, ist also kaum denkbar.[6] Neueste Nachrichten lassen hoffen, dass es in Kapstadt der Firma Afrigen gelungen ist, den Impfstoffcode von Moderna zu knacken und unter Umgehung von Patentzahlungen selbst herzustellen.[7] Moderna und Biontech versuchen deswegen mit allen Mitteln, mit Aufbauprojekten in Afrika Produktionskapazitäten dorthin zu exportieren, aber der plötzliche Eifer »der Impfstoffentwickler dürfte zumindest in gewissem Grade auch davon motiviert sein, Forderungen nach einer Freigabe von Patenten und der Übertragung von Technologiewissen den Wind aus den Segeln zu nehmen. Die Versorgung des afrikanischen Kontinents mit Covid-Impfstoffen gilt nach wie vor als ungenügend, und den beiden führenden Akteuren im Covid-Impfstoffbereich, insbesondere Moderna, wird häufig vorgehalten, generell noch zu wenig Impfstoffe für einkommensschwache Länder zu produzieren.«[8] In diesem Zusammenhang muss immer wieder daran erinnert werden, dass Edward Jenner, der Erfinder der Pockenimpfung, Ende des 18. Jahrhunderts auf jegliches Patent verzichtete, da er verhindern wollte, dass sich die ärmere Bevölkerung die Impfung nicht leisten könnte!

Dass es auch anders geht, zeigen Wissenschaftler vom Baylor College of Medicine in Houston/Texas. Peter Hotez und Maria Botazzi konnten auf der Basis früherer Forschungsergebnisse über SARS-Viren einen Impfstoff entwickeln, den sie Corbevax nannten. Er ist hoch wirksam gegen Covid-19-Infektionen. Er ist leicht zu transportieren und zu lagern. Eine Dosis kostet weniger als 6 Euro. Hotez und Botazzi verzichteten auf ihre Patentansprüche, um die weltweite Impfkampagne zu »entkolonialisieren«, wie Peter Hotez sagte. Inzwischen sind in Indien bereits mehrere hundert Millionen Impfdosen hergestellt worden.

Man kann es nicht oft genug und nicht deutlich genug sagen: Die heutigen Herstellerfirmen, darunter Johnson & Johnson, Moderna, Astra-Zeneca, Sanofi und Biontech/Pfizer, mussten nicht einen Cent der staatlichen Subventionen zurückzahlen, ihre Aktienkurse explodierten, die Eigentümer gehörten schlagartig zu den reichsten Menschen der Welt, wurden mit Auszeichnungen überhäuft und erhielten höchste staatliche Orden. Auch untereinander war man nicht gerade zimperlich: Während fast alle neuartigen Impfstoffe nur extrem gekühlt gelagert werden konnten und nur hochpreisig zu haben waren, wurde der Impfstoff von Astra-Zeneca, der nicht gekühlt und sehr preiswert zu haben war, wegen unerwünschter Wirkungen von Politiker:innen und in allen Medien schlechtgeredet, obwohl bei allen Impfstoffen gleichermaßen die immer gleichen unerwünschten Wirkungen auftraten: ein beeindruckendes Ergebnis intriganter und effizienter Lobbyarbeit!

In der allgemeinen Coronahysterie waren die Pharmafirmen nun also zu den Rettern der Menschheit geworden. Korruption und Interessenkonflikte waren keine Erwähnung mehr wert. Von möglichen lukrativen Geschäftsverbindungen zwischen Virologen, Testherstellern und Impfstoffproduzenten erfuhr man nichts. Wer sie zur Diskussion stellte, stand sofort im Verdacht, zur Gruppe der Impfgegner und Querdenker zu gehören. Aber nicht nur das: Sollte es im Laufe der Zeit zu unerwünschten Auswirkungen der Massenimpfungen kommen, so sind die Pharmafirmen durch spezielle Klauseln in Geheimverträgen auf Dauer von jeglicher Haftung befreit – ein nie zuvor dagewesener, ein beispielloser Vorgang.

Das also hat die Corona-Pandemie hinterlassen: Schnellverfahren bei der Arzneimittelzulassung, intransparente Interessenkonflikte zwischen Forschern und Herstellern, exorbitante private Gewinne durch staatliche Subventionen, Patentblockaden auf Kosten der Armen dieser Welt und eine Haftungsbefreiung für Pharmafirmen, wie es sie nie zuvor gegeben hat.

Positivliste

Wenn die Pharmaindustrie nicht eine so unglaubliche Macht hätte, gäbe es sehr viel mehr Raum für eine vernünftige Gesundheitspolitik. Eingeweihte sagen, dass eine Untersuchung aller patentgeschützten Arzneimittel auf ihren tatsächlichen Nutzen »Einsparpotentiale von einer Milliarde Euro allein bei den zehn umsatzstärksten Präparaten und mehr als vier Milliarden Euro im gesamten deutschen Patentmarkt«[9] freisetzen könnte. Aber schon kleine Versuche der Begrenzung und Steuerung von Arzneimitteln und ihren Kosten sind immer wieder unter die Räder gekommen. Das Stichwort dazu heißt Positivliste. In einer solchen Liste werden Medikamente aufgeführt, deren Nutzen unbestritten und deren Kosten vertretbar sind. Solche Listen in länderspezifischen Varianten gibt es in nahezu der gesamten EU, in der Schweiz und in den USA. Eine solche Liste gibt es in Deutschland nicht.

Obwohl: So ganz stimmt das nicht. Es gibt auch in Deutschland eine solche Liste. Aber auf wundersame Weise ist sie nie in die reale Gesundheitspolitik eingegangen, jeder Anlauf ist immer wieder gescheitert. Da ist zunächst Horst Seehofer (CSU). Er war von 1992 bis 1998 Bundesminister für Gesundheit. In einem späteren Interview[10] gab er offen zu, dass sein Entwurf einer Positivliste 1995 am Einfluss der pharmazeutischen Lobbyverbände gescheitert war: »Das ist so, seit dreißig Jahren, bis zur Stunde. Sinnvolle strukturelle Änderungen – auch im Sinne von mehr sozialer Marktwirtschaft – sind nicht möglich wegen des Widerstandes der Lobbyverbände.« Sein Staatssekretär Baldur Wagner übergab sodann als Höhepunkt der Selbstentwertung und Demütigung dem damaligen Chef des Bundesverbandes der pharmazeutischen Industrie ein geschreddertes Exemplar der Positivliste als Geburtstagsgeschenk: eine beispiellose und ekelhafte Demonstration der tatsächlichen Machtverhältnisse zwischen Politik und Lobbyisten.

1996 erstellte der Bundesverband der Kassenärzte eine neue Positivliste, eine Art Seehofers Liste light. Aber auch diese Liste wurde mit allen juristischen Tricks abgeschossen, zuletzt mit einer Strafandrohung seitens des Bundesverbandes der pharmazeutischen Industrie von 500 000 Mark, falls sie veröffentlicht würde.

Einen letzten Versuch gab es 2001. Das Vorhaben von Ulla Schmidt (SPD), die von 2001 bis 2009 Gesundheitsministerin war, lag ausgereift auf dem Tisch und stieß natürlich erneut auf den erbitterten Widerstand der Pharmaindustrie. Großkonzerne drohten mit einer Art Handelskrieg: Sie würden einige wichtige Medikamente vom deutschen Markt abziehen, wenn sie in ihrer »freien« Preisgestaltung behindert würden. Nachdem ihre führenden Vertreter ein Kaffeekränzchen bei dem seinerzeitigen Bundeskanzler Gerhard Schröder (SPD) arrangieren konnten, landete auch dieses Vorhaben im Papierkorb. Seitdem hat es niemand mehr versucht, auch wenn ein Einsparpotential von gut zehn Milliarden Euro unbestritten ist. Eine Positivliste – das hört sich so klein an, so winzig gegen die unglaublichen Machenschaften und das ganz große

Geld der Pharmaindustrie, aber sie würde ihr fürchterlich wehtun. Die Positivliste wäre daher die Hauptforderung für eine Befreiung des Gesundheitswesens vom Diktat der Pharmakonzerne: eine kleine, aber höchst wirkungsvolle Maßnahme.

6 Digitales

Über die elektronische Gesundheitskarte wird seit fast zwanzig Jahren, seit dem »Gesundheitsmodernisierungsgesetz« von 2003, nachgedacht, gestritten, geschrieben. Einige Milliarden Euro sind schon in dieses Projekt investiert worden, das bislang als bescheidenes Ergebnis immerhin eine Chipkarte mit Namen, Geburtsdatum, Adresse und Versichertenstatus vorweisen kann. Als nächste Funktionen sollen das elektronische Rezept und die elektronische Arbeitsunfähigkeitsbescheinigung dazukommen, geträumt wird außerdem noch von der elektronischen Patientenakte. Im Dezember 2021 wurde der »Rollout« dieser Funktionen zum inzwischen wiederholten Male gestoppt, weil nichts funktionierte.

Eine Digitalisierung des Gesundheitswesens, wie das goldene Kalb heißt, liegt damit immer noch in der Ferne. Die entscheidende Frage ist aber nicht allein, welche Daten eine elektronische Gesundheitskarte, das heißt eine voll digitalisierte Gesundheitsdatensammlung, beinhalten wird. Die entscheidende Frage ist vielmehr, ob diese Daten auf der individuellen Chipkarte des einzelnen Versicherten gespeichert werden und auch dort verbleiben oder ob sämtliche Daten aller Versicherten in riesigen Servern zentral gespeichert werden, um – wem auch immer – als Datenbanken zur Verfügung zu stehen. Die Chipkarte würde in diesem Fall – neben einem Notfalldatensatz – nur als Trägerin von differenzierten Zugangsberechtigungen, sozusagen als Entschlüsselungsmedium, eingesetzt.

Würden die Daten zentral gespeichert, müssten sie mit großem Aufwand durch eine komplexe Sicherheitsarchitektur gegen unberechtigte Zugriffe geschützt werden. In dieser Sicherheitsarchitektur müsste auch unveränderbar hinterlegt sein, wer auf die Gesundheitsdaten zugreifen darf und wie weit die verschiedenen Zugangsberechtigungen greifen. Man müsste sich dabei des Risikos bewusst sein, dass keine einzige Datenbank auf der Welt umfassend vor Hackern geschützt ist.

Die Zahl erfolgreicher Hackerangriffe und Installationen erpresserischer Ransomware im Gesundheitswesen ist nicht mehr überschaubar. Im Januar 2018 wurde das elektronische Gesundheitssystem in Lettland angegriffen und lahmgelegt. Im gleichen Zeitraum drangen Hacker in die Datenbanken der norwegischen Gesundheitsbehörde ein und hatten freien und unverschlüsselten Zugriff auf drei Millionen Patientenakten. Mit der Malware WannaCry wurde 2017 zunächst das englische Gesundheitssystem NHS lahmgelegt, insbesondere dessen Krankenhäuser. Danach verbreitete es sich rasend schnell über den ganzen Erdball und infizierte dabei schätzungsweise 75 000 Netzwerke. Die Malware Petya hatte es zunächst auf die Daten des Nivea-Herstellers Beiersdorf abgesehen, legte diese lahm, verbreitete sich und blockierte die dänische Reederei Maersk, deren Container weltweit nicht mehr entladen werden konnten. Die entstandenen Schäden werden weltweit auf über drei Milliarden Euro geschätzt. Cyberkriminalität gilt inzwischen als Top-Risiko für die Industrieversicherer. Bei dem Industrieversicherer AGCS der Allianz wird heute schon jede zweite der jährlich Tausenden von Anfragen abgelehnt, denn die »Unternehmen investieren verstärkt in ihre Cybersicherheit, aber dennoch kommen die Hacker durch«.[1]

Es sind aber nicht nur die kriminellen Zugriffe, die durch zentrale Serverkonzeptionen ermöglicht werden. Es besteht auch die Gefahr des missbräuchlichen Zugriffs durch staatliche Institutionen oder durch Versicherungen. Würden die Daten nur auf der Chipkarte verbleiben, was technisch kein Problem ist, so wäre zwar keine weitere Auswertung, aber eben auch kein Missbrauch möglich. Die Gesundheitsdaten stünden nur dem erkrankten Individuum und den behandelnden Ärztinnen und Ärzten vor Ort zur Verfügung. Würden die Daten aber zentral gespeichert, wären Analysen, Strukturierungen und Auswertungen in ungeahntem Umfang möglich.[2]

Der zurzeit nächste geplante Schritt ist die komplette Speicherung aller Gesundheitsdaten einschließlich der Laborwerte, der bildgebenden Verfahren sowie von Arztbriefen und Operationsberichten. Das ist die konzeptionelle Steigerung der elektronischen Gesundheitskarte hin zu einer elektronischen Patientenakte. Man kann sich das vielleicht am besten bildlich so vorstellen, dass bei einem nicht real existierenden, alles überblickenden und alles wissenden, über allem schwebenden, Tag und Nacht online erreichbaren virtuellen Überarzt-Avatar auf Anfragen von real existierenden Vor-Ort-Ärzten, die mit real existierenden Kranken zu tun haben, die zur Behandlung notwendigen Informationen rund um die Uhr abgerufen werden können. Die entsprechende technische Ausstattung von Arzt und Patient einschließlich Online-Zugang an jedem Ort unseres Landes wird natürlich vorausgesetzt.

Die Eroberung des Lebens durch die Elektronik, die Digitalisierung, geschieht unmerklich und in kleinen Schritten. Was beim Individuum als technischer Fortschritt ankommt, ist in Wahrheit ein gnadenloser Kampf hinter den Kulissen. Und immer geht es um die Daten. Daten sind der alles entscheidende Rohstoff. Wer die Verfügungsgewalt über Daten hat, der hat die Macht – je mehr Daten, desto mehr Macht. Datenschutz ist umgekehrt nichts anderes als der – zumeist hilflose – Versuch, die individuellen Daten vor dem Zugriff anonymer Konzerne zu bewahren, die dort durch Analyse, Strukturierung und Auswertung der riesigen Datenmengen wieder auf das Individuum zurückgebrochen werden und ungeahnte Manipulationsmöglichkeiten eröffnen. Die Digitalisierung der Medizin und des Gesundheitswesens findet nicht im luftleeren Raum statt. Alle gesellschaftlichen Bereiche sind derzeit von einem ungeheuren Digitalisierungssog erfasst.

Smart

Das Wort »smart« nimmt in unserer Sprache einen immer größeren Raum ein. Zuerst war es nur ein Auto, das so hieß. Heute hat fast jeder Mensch ein Smartphone. Damit kann man seine gesamte Hauselektrik von der Ferne aus steuern, die Heizung, die Beleuchtung, die Bewässerung von Garten und Blumentöpfen, den Rasenmäher, die Überwachungskameras, kurz gesagt: Man hat ein Smarthome. Das schöne Wort »smart« ist also der schmeichelnde Euphemismus für technischen Fortschritt.[3] Dieser ist ein Fortschritt der immer lückenloseren Dokumentation, Kontrolle und Überwachung. Online-Einkäufe, Telefon-Verbindungsdaten, Kreditkartenzahlungen, GPS- und Bewegungsdaten von Kraftfahrzeugen, Reise- und Hotelbuchungen erlauben individuelle Profile, die mitunter in den Schatten stellen, was man normalerweise über sich selbst weiß. Schon im Mai 2017 wurde bekannt, dass die Supermarktkette Real in vierzig ausgewählten Filialen ihre Kund:innen per Kamera erfasst, die Gesichter analysiert und deren Blickkontakte mit Werbeflächen, geschätztes Alter, Geschlecht, Zeitpunkt und Dauer der Betrachtung auswertet. Die Daten würden anonymisiert zu einem Werbedienstleister namens Echion übertragen, um personalisierte Werbung zu ermöglichen.[4] Mautzahlungen im Straßenverkehr, Gesichtserkennung im öffentlichen Raum oder der PKW als permanenter Datenspeicher und Datensender über Aufenthaltsort und Fahrweise regen heute fast niemanden mehr auf.

Eine Smartwatch verblüfft dadurch, dass viele Funktionen eines Computers ans Handgelenk geholt werden. Dazu gehört auch die Erfassung von Gesundheitsdaten wie Puls, Blutdruck, Temperatur, Schrittzähler, sogar Blutzuckerwerte. Eine Smartwatch schafft man sich freiwillig an. Bei der Benutzung nimmt man in Kauf, dass die Daten nicht nur am Handgelenk auf dem Zifferblatt angezeigt, sondern auch permanent online an große Server der App-Anbieter gesendet und gespeichert werden. Diese Freiwilligkeit ist bei anderen »smarten« Installationen aber nicht gegeben. Die Entwicklung geht unvermindert weiter, allerdings eben nicht unter den Augen einer größeren Öffentlichkeit.

Smart ist inzwischen längst auch die Überwachung am Beginn des Lebens: »Überwachen Sie die Herzfrequenz und Sauerstoffversorgung über HD-Video. Erhalten Sie sofortige Benachrichtigungen, wenn der Sauerstoffgehalt des Babys zu niedrig ist oder die Herzfrequenz zu hoch oder zu niedrig. Sehen Sie sich die Live-Messwerte Ihres Babys jederzeit und überall an.« Die Speicherung der Gesamtzahl der geschlafenen Stunden, der Anzahl der Wachphasen und der allgemeinen Schlafqualität ist bei dieser App eine Selbstverständlichkeit. Als Hardware wird lediglich ein Paar spezieller Stoffsocken benötigt, die, mit den entsprechenden Sensoren bestückt, dem Baby zur Nacht angezogen werden müssen[5] – und schlappe 329 Euro kosten.

Auch das nächste Projekt, von dem jetzt die Rede sein soll, ist smart. Es nennt sich Smart Kitchen. »Hätten wir den damaligen Hausfrauen erzählt, dass 70 Jahre später

Haushaltsgeräte miteinander kommunizieren und weltweit vernetzt sind, hätten sie vermutlich nur den Kopf geschüttelt.«[6] Das Konzept beinhaltet eine ständige WLAN-Verbindung des Kühlschranks mit dem Internet. Der verfügt über eine Innenkamera mit ausgelagertem Bildschirm, in der Tür über eine Tastatur und über einen Algorithmus, dem die Hersteller »Künstliche Intelligenz« bescheinigen. Damit kann der Kühlschrank die eingelagerten Lebensmittel identifizieren, Verfallsdaten ablesen und Verbrauch und Bedarf quantifizieren. Das wiederum löst voll automatisierte Bestellalgorithmen über digitale Assistenzsysteme aus, die direkt mit Lieferanten kommunizieren. Einkaufen wird weitgehend überflüssig. Mit Hilfe der Kühlschrank-App kann der Nutzer jederzeit und von überallher Einblick in seinen Kühlschrank nehmen. Wenn ein derartiger Kühlschrank auch noch in eine umfassendere Smart Home-Architektur eingebunden ist, dann kann man den Backofen steuern, den Staubsauger in Bewegung setzen, die Lichtverhältnisse einstellen, Raumtemperaturen regeln oder Türkameras aktivieren. Ein integrierter Browser kann das Kühlschrank-Display zum Tablet ertüchtigen und auf diese Weise Fernsehen oder Streaming ermöglichen. Die Smart-Home-Zukunft liegt in der weiteren Integration von Roboterelementen, die immer mehr Alltagstätigkeiten übernehmen, also z. B. saugen, wischen, Parkettpflege, Wäsche waschen, trocknen, korrekt zusammenlegen usw.

Smart World wird also durch eine komplette Digitalisierung aller Lebensbereiche mit permanenter Online-Anbindung ermöglicht und stellt dem Nutzer viele bequeme Anwendungsmöglichkeiten zur Verfügung. Smart World kann mit enormen Erleichterungen im Alltag verbunden sein. Die neue Bequemlichkeit ist so verführerisch, dass die Rückseite dieser glitzernden Münze weitgehend unbeachtet bleibt: In den Zentralen der Betreiber der Hard- und Software von Smart World entstehen ununterbrochen riesige und wachsende Datensätze, die auf eine Weise vernetzt und ausgewertet werden können, die alles bisher Dagewesene übersteigen und neue Produkte, neue Geschäftsmodelle ermöglichen, weil sie passgenau auf die Nutzerdaten abgestimmt sind.

Das Bundesamt für Sicherheit in der Informationstechnik hat im Februar 2020 den flächendeckenden Einbau sogenannter Smartmeter als Stromzähler verfügt. In den zwölf Jahren danach sollen alle analogen Stromzähler überall gegen »intelligente Messeinrichtungen« ausgetauscht werden. Ein »intelligenter« Stromzähler zeichnet im 15-Minuten-Takt den Stromverbrauch über die Zeitachse auf. Solche Geräte sind vernetzt, sie senden die gesammelten Daten online und in Echtzeit an den Stromanbieter. Diese »Leistung« ist aber nur die halbe Wahrheit. In Zukunft werden die Strom-Verbrauchsdaten im 15-Minuten-Takt an den Stromanbieter gemeldet, und es bedarf nur eines simplen Algorithmus, um Auffälligkeiten zu entdecken. Innerhalb weniger Monaten wird die ganze Nation flächendeckend mit solchen Datenspionen ausgerüstet sein müssen. Die Polizei der Zukunft wird nicht nur Funkzellenabfragen und Verbindungsdaten von Mobiltelefonen nutzen, sondern sie kann mit Hilfe der Stromverbrauch-Meldungen der Smartmeter Anwesenheit und Verhalten der Bewohner in jeder Wohnung nachvollziehen. Und mit etwas Hackergeschick können das Vermieter, Polizei, Geheimdienste und Einbrecher auch.

Abwasser

In dem als Science-Fiction-Roman angelegten Politkrimi »Corpus delicti« von Juli Zeh, der 2009 erschienen ist, regiert die »Methode« ein ganzes Land als Gesundheitsdiktatur.[7] Die diktatorische Gewaltausübung der »Methode« kann nur dann funktionieren, wenn sie eine umfassende Kenntnis des Verhaltens der Untertanen hat. Ein solcher Staat benötigt daher unbedingt eine ubiquitäre Überwachung mit maximaler Datenerfassung. Eine zentrale Rolle bei dieser allumfassenden Überwachung spielt – in Juli Zehs Roman – die Kontrolle des Abwassers. Jeder Wohnblock wird separat und permanent ausgewertet. Das ermöglicht eine Echtzeiterkennung von Ernährungs- und Trinkgewohnheiten, auch von Drogenkonsum. Der Algorithmus der Medikamentenerkennung ergibt ein lückenloses Bild des aktuellen Krankheitsspektrums im Haus. Ein Abgleich mit Daten des öffentlichen Gesundheitswesens spürt »heimliche« Kranke sofort auf, die umgehend von der Gesundheitspolizei aufgesucht werden. Da es in der Gesundheitsdiktatur eine Pflicht zum Gesundsein, zur gesunden Ernährung, zu einem gesunden Leben gibt, kann die Obrigkeit unmittelbar intervenieren. 2009 war das noch Science Fiction.

In Europa gibt es inzwischen breit gefächerte Studien der Abwasserkontamination, ohne dass die Öffentlichkeit davon in größerem Ausmaß Kenntnis genommen hat.[8] 2019 wurde eine Studie des European Monitoring Centre for Drugs and Drug Addiction veröffentlicht, in der man das Abwasser von siebzig europäischen Städten analysiert hatte. Überraschung: Nirgends in ganz Europa war die Konzentration von Crystal Meth im Abwasser höher als in Erfurt, Chemnitz und Dresden. Die Nähe zu tschechischen Drogenküchen schien zu diesen Ergebnissen beizutragen. Im April 2020 berichteten holländische Forscher erstmals von Spuren des Erbguts von Coronaviren im Abwasser von Kläranlagen. Sie schlugen vor, damit die Ausbreitung des Virus zu kontrollieren. Im August 2020 hatten Forscher in Frankfurt und Aachen die Methoden zur Überwachung von Corona-Infektionen im Abwasser so weit verfeinert, dass sie den Anstieg von Corona-Infektionen mit einer Genauigkeit von bis zu 50 Infektionen pro 100 000 Einwohnern erkennen konnten, noch bevor die Gesundheitsämter etwas davon ahnten.[9] Seit April 2021 benutzt der Corona-Krisenstab in Berchtesgaden Messungen in den dortigen Kläranlagen, da diese den Corona-Testergebnissen um mehrere Tage voraus waren.[10] Im Dezember 2021 berichtete der Spiegel, dass die Mutante Omikron im Münchner Abwasser nachgewiesen werden konnte. Es wurden hier regelmäßig fünf Proben entnommen, aber nur eine davon aus der Kläranlage, die anderen vier aus nicht näher bezeichneten Standorten. Damit rückt der Krisenstab dem Viertel, der Straße, dem Wohnblock schon näher: »Über das Abwasser gewinnt man idealerweise Daten über Infizierte, bevor diese selbst von dem Virus wissen.«[11]

Inzwischen ist dieser Forschungsbereich breit angelegt und wird europaweit verfolgt. Die Europäische Union hat ihren Mitgliedsstaaten schon im März 2021 die Etablierung eines flächendeckenden Abwassermonitorings empfohlen.[12] Der wissenschaftliche Dienst des Deutschen Bundestages veröffentlichte im Juni 2021 eine ausführliche Information mit dem Titel »Abwasserbasierte Epidemiologie – Abwassermonitoring als Frühwarnsystem für Pandemien«.[13] Dieses Papier kommt zusammenfassend zu dem Schluss, »dass ein Abwassermonitoring Infektionsherde landesweit früh quantitativ, örtlich differenziert und im zeitlichen Verlauf erfassen könnte«. Das Abwassersystem ist als Frühwarnsystem für Pandemien heute schon weit entwickelt. In Hessen wird bereits flächendeckend mit dieser Methode gearbeitet.[14]

Im Zuge der panischen Angst vor der Coronapandemie kommt das Abwassermonitoring zunächst als Fortschritt daher. Dabei darf man aber nicht aus dem Auge verlieren, dass es mit dieser Methode rasch auch um ganz andere, wesentlich größere Fragestellungen gehen könnte, denn auch das ist in dem erwähnten Papier zu lesen: »Die Europäische Kommission kommt zu dem Schluss, dass das Abwassermonitoring in Ländern zum Einsatz kommen könnte, in denen epidemiologische Daten nicht im gewünschten Umfang zur Verfügung stehen.« Aber ob, wie und wann es als Frühwarnsystem für viele andere Fragestellungen benutzt werden kann, ist noch nicht abzusehen. In Mörfelden-Walldorf wird im Sommer 2023 eine erste »zukunftsfähige« Kläranlage fertiggestellt sein. Sie kann »Spurenstoffe« aus dem Abwasser filtern: Arzneimittelrückstände, Hormone, Phosphat oder Mikroplastik.[15] Weitere Pilotprojekte werden von der Europäischen Union mit Millionen-Investitionen gefördert. Der Fantasie sind keine Grenzen gesetzt.

Vorbild China

Wohin das alles führen kann, ist keine Zukunftsvision, sondern längst offizielle Politik und Realität in der Volksrepublik China. Während die lückenlose Überwachung des öffentlichen Lebens mit Gesichtserkennungsalgorithmen und einem Punktesystem, das soziales Verhalten speichert und bewertet, in China inzwischen das Leben für alle sichtbar beherrscht, geschieht dies in den westlichen Demokratien im Verborgenen, aber dadurch nicht weniger effektiv. So waren beispielsweise allein in Hessen Ende 2021 exakt 298 Überwachungskameras in 20 Städten installiert[16], deren Aufrüstung mit Gesichtserkennungs-Software ein Kinderspiel wäre.

Dass die Daten des Gesundheitswesens bei gegenwärtigen und zukünftigen Überwachungssystemen eine zentrale Rolle spielen, zeigen etwa 200 Pilotprojekte in China, von denen jüngst eines in einer Weltspiegel-Reportage[17] vorgestellt wurde: In Tianjin, einer nördlichen Metropole mit vierzehn Millionen Einwohnern, hat die Stadtverwaltung in einem großen Raum ein gewaltiges, mehr als zwanzig Meter breites Display installiert, das an Bilder aus dem Kontrollzentrum der NASA erinnert. Auf diesem Display werden die in Echtzeit aufbereiteten Daten von etwa 120 000 Bewohnern einer Altenwohnanlage aufgespielt. Die Bewohner sind durch »smarte« Armbänder mit der Zentrale verbunden. Die Armbänder messen Körpertemperatur, Puls und Blutdruck, Schlafzeiten und Schrittzahl. Messgeräte melden den Wasser- und Stromverbrauch. Sensoren in der Wohnung speichern die Bewegungen zwischen den Räumen. Das alles wird auf dem riesigen Display zusammengefasst und reagiert mit Alarmfunktionen, sobald es zu Abweichungen kommt. Wenn beispielsweise der Sensor im Flur eines Appartements vierundzwanzig Stunden keine Bewegung erkannt hat, wird Alarm ausgelöst, die Bewohner werden angerufen, Angehörige auf ihrem Handy alarmiert. Gleiches geschieht bei Auffälligkeiten des Strom- oder Wasserverbrauchs oder der Vitaldaten. Bei Unklarheiten wird Personal losgeschickt, für das der Computer die Ampelschaltung auf grüne Welle schaltet. Die Bewohner verfügen außerdem über einen mit Sprache kommunizierenden Miniroboter, der als digitaler Assistent Verbindungen herstellen kann, den Hausschlüssel findet oder an die Tabletteneinnahme erinnert.

Der Unterschied Deutschlands zu China liegt allein in der Kleinigkeit, dass das Überwachen und Kontrollieren in China offizielle Politik ist, während es bei uns unbemerkt und überwiegend heimlich eingeführt wird. China macht kein Geheimnis daraus, dass es seine Bürger kontrolliert und bewertet, belohnt oder sanktioniert. Ein nationales »Sozialkreditsystem« ist im Aufbau begriffen. »In der Küstenstadt Rongcheng wird das digitale Sozialpunktesystem bereits getestet. Alle Bürger starteten dort mit 1000 Punkten auf dem Konto. Wer dort zur Blutspende geht, bekommt fünf Pluspunkte. Wer anderen Menschen über die Straße hilft, erhält ebenso fünf Bonuspunkte. Abzüge gibt es, wenn Hundekot nicht beseitigt wird (minus zehn) oder Stress mit den Nachbarn angezettelt wird (minus fünf). Negative Punkte gibt es auch bei Verkehrsdelikten. Überwacht werden die Menschen von Kameras; die automatische Identifikation funktioniert über eine Gesichtserkennung. Das gesamte Handeln wird digital erfasst. Wer zu viele Minuspunkte gesammelt hat, wird bestraft. Unter Umständen landet er dann auf einer schwarzen Liste und kann sich nicht mehr so einfach fortbewegen. Internationale Flugtickets oder Fahrkarten für den Schnellzug, also für weitere Strecken, sind dann nicht mehr buchbar. Bis April 2018 gab es laut staatlichen Medien bereits 111 Millionen gescheiterte Buchungsvorgänge von Personen, die auf einer landesweiten »schwarzen Liste« unzuverlässiger Schuldner stehen. Ihnen wurde der Kauf eines Flugtickets verweigert. In über 425 000 Fällen wurde Menschen die Fahrt mit einem Schnellzug verweigert.«[18] Erstmals im Dezember 2021 wurde berichtet, dass es in der Stadt Jingxi der autonomen Region Guangxi zur öffentlichen Demütigung von Personen gekommen ist. In weißen Ganzkörperanzügen, mit umgehängten Schildern mit ihren Namen und Fotos wurden sie in einer Art Parade, bewacht von bewaffneten Sicherheitskräften, durch die Stadt geführt.[19] Sie hatten zuvor gegen Vorschriften der strengen Corona-Maßnahmen verstoßen.

Datenschutz: nur für Gesunde

In diesem Zusammenhang und nur in diesem Zusammenhang muss man die elektronische Gesundheitskarte und die elektronische Patientenakte bewerten. Wenn der frühere Gesundheitsminister Jens Spahn sagt, dass Datenschutz nur »was für Gesunde« sei[20], dann wird klar, um was es hier geht: um die Verfügungsgewalt über die Gesundheitsdaten. Die vermeintlichen Vorteile der elektronischen »Gesundheits«-Karte halten einer Überprüfung kaum stand. »Lebensrettende Notfalldaten« gibt es nicht. Daten retten kein Leben. Hier ist gemeint, dass sich der Notarzt per Kartenlesegerät blitzschnell ein Bild über den Patienten machen kann. In mehr als 10 Jahren auf dem Notarztwagen kann ich mich an keinen einzigen Fall erinnern, wo mir eine Reanimation oder ein Noteingriff besser von der Hand gegangen wäre, wenn ich zunächst die Patientendaten auf dem Bildschirm eingesehen hätte. Blitzschnell musste ich als Notarzt oft handeln, aber nicht mit Daten. Die leidigen »Doppeluntersuchungen«, die sich mit einer Digitalisierung angeblich vermeiden lassen, verursachen bei der Deckelung durch Regelleistungsvolumina in der Praxis und der Pauschalierung durch die DRGs im Krankenhaus der Gemeinschaft keinerlei Kosten, höchstens dem Verordner, dem sie weder zusätzlichen Umsatz noch mehr Gewinn generieren. Bleibt noch der »Kartenmissbrauch«: Die Kosten durch betrügerischen Gebrauch von Versichertenkarten liegen weit unter den Kosten der Foto-Applikation auf der elektronischen »Gesundheits«-Karte. Daher versieht keine Bank, kein Kreditkartenunternehmen seine Karten mit Fotos: Dort kann man eben rechnen!

Ernstzunehmender ist schon das Argument, man könne mit Hilfe dieser Applikation unerwünschte Medikamenten-Interaktionen rechtzeitig erkennen. Immerhin schätzt man, dass in Deutschland jedes Jahr etwa 25 000 Todesfälle auf das Konto falscher, falsch dosierter, schädlicher oder miteinander unvereinbarer Medikamenten-Verordnungen gehen und es zu etwa 500 000 schweren arzneimittelbedingten unerwünschten Wirkungen kommt.[21] Wäre die Digitalisierung mit der sogenannten »Gesundheitskarte« patientenorientiert, so gäbe es längst einen simplen Algorithmus auf jedem Chip, der Medikamenten-Unvereinbarkeiten sofort als Warnhinweis ausgäbe. Für die Orientierung an der profitablen Auswertbarkeit möglichst vieler »Gesundheits«-Daten ist dies aber nicht so wichtig. Also gibt es das noch nicht. Bislang haben sich die Software-Entwickler noch nicht einmal bis zu einem »papierlosen Rezept« oder zu einer elektronischen Krankschreibung vorgearbeitet: eine technologische Blamage.

Der jämmerliche Zustand der Digitalisierung des Gesundheitswesens in Deutschland wird seit Beginn der Corona-Pandemie jeden Montag deutlich, wenn man angesichts niedriger Fallzahlen denken könnte, die Pandemie sei vorbei. In Wirklichkeit sind auch noch zwei Jahre nach dieser außerordentlichen Bedrohung der Menschheit die Gesundheitsämter am Wochenende nicht besetzt, denn ihre Personalausstattung wurde keineswegs verbessert, und die Kommunikationstechnik hinkt immer noch Jahrzehnte hinterher. Die Infektionsparameter werden vielfach noch händisch gezählt, die handgeschriebenen Listen von Kleinstadt zu Großstadt transportiert oder per Fax weitergemeldet. Der Rückstand der Digitalisierung ist für eine führende Industrienation zwar in höchstem Maße peinlich, aber andererseits könnte man dem durchaus Positives abgewinnen, denn es ist doch auch beruhigend, dass auf diesem Niveau Daten im großen Stil weder gehackt noch missbraucht werden können. Noch nicht.

Das Für und Wider ist vielfältig, vielschichtig und widersprüchlich. Das Misstrauen gegenüber staatlichen Ausforschungs- und Aushorchungsalgorithmen, versteckt in Gesundheitskarten und Patientenakten, ist groß. Die Anfälligkeit von zentralen Serverlösungen für Hackerangriffe, die Datendiebstahl oder Ransomware-Erpressungen ermöglichen, ist offensichtlich. Daten-Großkonzerne, Versicherungen und sogenannte »soziale« Netzwerke sind in ihrer Gier nach immer weiteren Datensätzen unersättlich. Digitalisierung und Online-Anbindung immer weiterer Bereiche des täglichen Lebens ermöglichen eine Realtime-Überwachung ungeahnten Ausmaßes. Mit den derzeitigen Digitalisierungsplänen wird die Arzt-Patient-

Beziehung entpersonalisiert, so etwas wie ein Arztgeheimnis kann dabei nicht länger aufrechterhalten bleiben.

Wäre es nicht wunderbar, wenn es eine Technik gäbe, die eine Lösung für all diese Probleme auf einmal verspricht? Dieser Traum kann in Erfüllung gehen. Man muss es nur wollen, sich ein bisschen umschauen in Europa und sich von Big-Brother-Phantasien verabschieden. Die – längst überfällige – Digitalisierung wird kein einziges der schwerwiegenden Probleme im Gesundheitswesen lösen oder wenigstens einer Lösung näherbringen. Die Digitalisierung wird von denen, die in einer Art Verachtung für alles Menschliche in der Humanmedizin das Maschinelle propagieren, wie eine Heilslehre, wie die Monstranz eines Religionsersatzes vor den Programmen hergetragen, die den Menschen zu einem Lieferanten von möglichst vielen profitablen Daten reduzieren. »Der Wechsel von analog zu digital, Tracing und Tracking, die Anhäufung und Auswertung von großen Datenmengen sowie eine daraus resultierende Personalisierung und Kontrolle werden favorisiert, da sie finanziell lukrativ sind. Das menschliche Verhalten gerät zunehmend in den Verwertungsprozess.«[22]

Blockchain

Das entscheidende Stichwort zum Verständnis des Blockchainverfahrens lautet Distributed-Ledger-Technologie, am ehesten bekannt, wenn auch kaum verstanden, in seiner Erscheinungsform als Bitcoin. Selbst computeraffine digital Natives haben Schwierigkeiten zu verstehen, wie diese Technologie eigentlich funktioniert. Wörtlich übersetzt heißt Distributed-Ledger »dezentrale, verteilte Kassenbücher«. Das fragliche »Kassenbuch« existiert in beliebig vielen dezentralen, völlig gleichgestellten Kopien und kann von beliebig vielen Berechtigten betrieben werden. Alle Kopien sind immer auf dem gleichen Stand und dokumentieren jeden Zugriff, was nicht manipuliert werden kann. Das ist die Blockchain-Technologie. Sie entstand 2009 in Japan als Reaktion auf den Zusammenbruch mehrerer Bankinstitute. Blockchain gilt als die größte technologische Innovation seit dem Internet. Blockchain ist eine Datenbank, die mit vollkommener Transparenz öffentlich ist (niemand besitzt sie), beliebig weit wie ein riesiges Netzwerk peer-to-peer verteilt ist (es gibt keinen zentralen Server), ständig aktualisiert wird und durch hochentwickelte Kryptographie gesichert ist. Ein großer und äußerst nachteiliger Nebeneffekt ist allerdings die Rechenleistung, die für die Blockchaintechnologie erforderlich ist. Allein für die Bitcoin-Kommunikation ist der Energieverbrauch größer als der ganzer Nationen wie etwa der Niederlande oder Italiens und betrug im Jahr 2021 bis zu 175 Terawattstunden: Ein weiterer Sargnagel für die Klimakatastrophe.[23] »Alle zehn Minuten fügen die elektronischen Buchhalter dem Bitcoin-Kassenbuch (der Blockchain) eine neue Seite (einen Block) hinzu. Damit niemand einen Eintrag manipulieren kann, wird jede Seite mit einem digitalen Siegel versehen. Die Berechnung dieses Siegels verbraucht ungeheure Mengen Strom, während der Aufwand für die Buchhaltung im Vergleich verschwindend klein ist. Eine Website der Universität Cambridge zeigt den aktuellen Stromverbrauch des Bitcoin-Netzwerkes an: Am 1. April um 14:30 Uhr verbrauchte die virtuelle Währung rund 17 Gigawatt Strom. Um diesen Bedarf zu decken, braucht es 17 Kernkraftwerke. Bis Ende 2021 dürfte die Bitcoin-Blockchain etwa so viel Strom verbraucht haben wie 44 Millionen Menschen in Argentinien oder wie die Schweiz in etwa 30 Monaten.«[24]

Estland ist der nördlichste der drei baltischen Staaten. Weit und breit ist kaum ein Staat mit Elektronik und Digitalisierung so weit entwickelt wie Estland. Eine Vorreiterrolle nimmt Estland auch bei der Digitalisierung des Gesundheitswesens ein. 2016 wurde die estnische E-Health-Foundation gegründet. Sie konnte auf weit fortgeschrittenen Vorarbeiten des E-Government aufbauen, zu dem bereits seit 2008 eine elektronische Patientenakte gehört. Die E-Health-Foundation baute in kürzester Zeit ein blockchaingestütztes Netzwerk auf, um die Gesundheitsdaten der gesamten estnischen Bevölkerung, die alle der staatlichen Einheitsversicherung angehören, komplett zu digitalisieren, zu archivieren und geschützt und abrufbereit zu speichern. Mit der Blockchain-Technologie wird jeder Zugriff protokolliert, jede Veränderung registriert und mit einem Zeitstempel versehen. Dadurch entsteht eine unveränderbare und transparente Prüfkette. Illegale Hacker-Aktivitäten von außen werden sofort erkannt und abgewehrt, aber auch Insider können die Privatsphäre der auf diese Weise verarbeiteten Gesundheitsdaten kaum durchbrechen. Der entscheidende Schlüssel zum E-Government und inzwischen auch zur elektronischen Patientenakte ist schon seit zwanzig Jahren der elektronische Personalausweis, anders gesagt: ohne E-Government kein E-Health. Arztbesuche, Diagnosen, Einweisungsdokumente und Entlassungsbriefe, Medikamente und alle Befunde stehen allen an der Behandlung beteiligten Gesundheitsberufen rund um die Uhr zur Verfügung. In jedem Krankenwagen befinden sich Tablet-Computer mit Zugriffsmöglichkeiten und Verbindungen zu den angesteuerten Krankenhäusern. Über die Zugriffsberechtigungen entscheiden allein die Patient:innen, die einzelne Abschnitte oder die ganze Akte für den Zugriff sperren können. Datenschutz ist in Estland kein gescholtenes Hindernis für den Fortschritt, im Gegenteil: »Datenschutz und die Privatsphäre haben Priorität für unsere Regierung und die Software-Unternehmen. Die ganze Welt hat in den letzten Jahren gelernt, was die Esten schon immer gewusst haben: Es gibt motivierte und interessierte Kreise, die Daten bekommen und vielleicht manipulieren wollen.«[25] Was der Bereichsleiter der estnischen Firma Nortal hier diplomatisch ausdrückt, ist in Kurzfassung das Problem, das jede Ärztin und jeder Arzt, jede Patientin und jeder Patient mit den Plänen zur Digitalisierung des deutschen Gesundheitswesens haben muss. Misstrauen ist angesagt!

7 Medizin als Herrschaftsinstrument

Helle und freundliche Arztpraxis, geduldiges, freundliches und qualifiziertes Personal, zertifiziertes Krankenhaus, evidenzbasierte Medizin auf dem neuesten Stand, funktionierende moderne Technik, einfühlender Arzt, aufgeklärter Patient, aufopfernde Krankenschwester, und das alles in einer herrlichen, intakten landschaftlichen Umgebung: Kaum eine andere Sendung des Fernsehens hat höhere Einschaltquoten als »Der Bergdoktor«! So hätte man sie gerne, die gute, die moderne Medizin für alle. Die enormen Einschaltquoten lassen erkennen, wie groß die Sehnsucht nach dieser »guten Medizin« ist. Die ist aber leider längst unter die Räder gekommen. Sie ist allenfalls noch als geduldetes Nebenprodukt zu haben, aber nur so lange, wie sie die schwarzen Zahlen für die Investoren nicht beeinträchtigt. Sie ist nur noch als Mythos vorhanden. Das war nicht immer so.

Der gewaltige Paradigmenwechsel, der das Gesundheitswesen zu einem Wirtschaftssystem umwandelt, zu einer Gesundheitswirtschaft, ist an der Medizin, wie sie konkret von Ärztinnen und Ärzten, von Schwestern und Pflegern, von Hebammen, von medizinischen Fachangestellten, Physiotherapeut:innen und vielen anderen mehr in Krankenhäusern und Arztpraxen betrieben wird, nicht spurlos vorübergegangen. Im Gegenteil: Wenn eine Gesellschaft ihren Reichtum nicht mehr für das Funktionieren ihrer Sozialsysteme verwendet, sondern die Sozialsysteme in Quellen neuen Reichtums für Kapitalgesellschaften verwandelt, dann ist das die Wurzel allen Übels.

Märchen

Mit der ständigen Wiederholung der gängigen Märchen von der angeblichen Kostenexplosion und den angeblich untragbar hohen Kosten durch die »Überalterung« unserer Gesellschaft wird das solidarische Gesundheitswesen Schritt für Schritt zerredet. Es gibt aber gar keine Kostenexplosion im Gesundheitswesen, und es hat auch noch nie eine gegeben. Die Ausgaben für das Gesundheitssystem sind mit zehn bis 12 Prozent des Bruttoinlandsprodukts seit Jahrzehnten konstant.[1] Und das ständig steigende Durchschnittsalter der Bevölkerung verursacht im Gesundheitswesen auch keine unlösbaren Probleme, sondern hauptsächlich Veränderungen im Krankheitsspektrum. Der Mensch verursacht etwa 70 bis 80 Prozent seiner Gesundheitskosten im letzten Jahr seines Lebens. Es ist dabei völlig gleichgültig, ob er mit 40, 60 oder 80 Jahren stirbt. Das steigende Durchschnittsalter der Bevölkerung wird Veränderungen in der Pflegeversicherung erzwingen, und es ergeben sich sicher auch Probleme in der Rentenversicherung, aber nicht im Gesundheitswesen. Hätten die

Propagandisten der Kostenexplosion und der Altersdemagogie Recht, dann wäre unser Gesundheitswesen längst zusammengebrochen. Das ist es aber nicht. Im Gegenteil. Es hat sogar einer Pandemie standgehalten, obwohl daran viele »Experten« landauf, landab gezweifelt haben.

Medizin, neu gelernt

Wenn von »der Medizin« die Rede ist, die unter den Bedingungen eines Wirtschaftssystems untergehen muss, dann stellt sich die Frage: Was ist das eigentlich, »die Medizin«? Darauf kann es viele Antworten geben. Meine lautet so: Vor vielen Jahren war ich mit meiner Arbeit als Chirurg in größere Selbstzweifel geraten. Ich war ein recht guter Handwerker geworden, aber irgendetwas fehlte. Lange Zeit wusste ich nicht, was mir fehlte, als mich ein großer Arzt und Denker des 20. Jahrhunderts namens Thure von Uexküll mit einem sehr einfachen Satz gefangen nahm – und mich nicht wieder losgelassen hat. Dieser Satz brachte mein ganzes diffuses Unbehagen mit der Medizin auf den Punkt. Er lautete: »Die Medizin ist streng getrennt in eine Medizin für Körper ohne Seelen und eine Medizin für Seelen ohne Körper.« Das traf für mich ins Schwarze.

Von da an habe ich die Medizin ganz neu gelernt. Langsam verstand ich, dass es noch andere Dinge zwischen Himmel und Erde gibt als das Zählbare, das Messbare und das Sichtbare. Diese Medizin, die ich bislang gelernt und praktiziert hatte, konnte aber nur mit Sichtbarem, mit Zählbarem und mit Messbarem umgehen. Sie tat und tut so, als gäbe es eine objektive, existierende Realität, die es nur zu erkennen gilt. Diese Erkenntnis- und Denkmodelle bestehen aus Ursache und Wirkung. Auf eine Ursache folgt eine Wirkung, oder genauer: Auf die gleiche Ursache folgt immer die gleiche Wirkung. Wir kennen dieses Prinzip: Wenn man einen Lichtschalter betätigt, geht das Licht an. Wenn das Licht nicht angeht, ist wahrscheinlich die Glühbirne kaputt. Ist diese intakt, liegt der Defekt vielleicht im Schalter. Wenn der aber auch in Ordnung ist, ist möglicherweise die Sicherung durchgebrannt. Wenn die Sicherung ausgetauscht ist, geht die Lampe wieder an – es sei denn, und das wäre dann der nächste Untersuchungsschritt, das Zuleitungskabel ist defekt usw. usf. So funktionieren zweigliedrige Ursache-Wirkungs-Systeme, und so ergibt sich eine logische Reihenfolge der Fehlersuche im Falle von Defekten. Das ist das grundlegende Prinzip der Technik.

Körper und Seelen

In der Medizin kommt man mit diesem technischen Modell nicht sehr weit. Damit lässt sich vielleicht eine Wunde nähen, aber schon eine Wundheilungsstörung ist nicht mehr zu verstehen, geschweige denn zu beheben wie eine durchgebrannte Glühlampe. Mit dem technischen Konzept lässt sich ein gebrochener Knochen einrichten und verschrauben, aber dennoch wird – bei völlig identischer Technik – im einen Fall eine wunderbare Heilung erreicht, im anderen Fall vielleicht eine chronische Schmerzsituation für immer vertieft. Im Umgang mit Lebewesen sind technische Maschinenmodelle untauglich.

Die prinzipielle philosophische Grundlage der Medizin ist für mich daher der Konstruktivismus, nicht der Mechanismus: Alles, was wir erkennen, wird erst im Prozess der Erkenntnis konstruiert, und nichts existiert für uns unabhängig von der Möglichkeit des Erkennens. In der Medizin wird deutlich, dass sich jedes Lebewesen eine eigene Umwelt, seine eigene Welt konstruiert, in der es überleben, in der es leben kann. Diesen Vorgang bezeichnet man als Passung. Dementsprechend kann man ein Misslingen dieses Passungsvorganges als Passungsstörung bezeichnen, was schon fast eine Krankheitstheorie ist. Der Passungsvorgang ist ein außerordentlich individueller Vorgang. Würde ich mich mit einem Ultraschallgerät um den Hals und Kopfhörern an den Ohren kopfüber in einen dunklen Dachboden hängen, so hätte ich doch nicht die Spur einer Ahnung von der Lebenskonstruktion einer Fledermaus. Und der Passungsvorgang ist außerdem ein dynamischer Prozess. Eine Passung, die heute funktioniert und Leben ermöglicht hat, kann morgen schon falsch sein und Krankheiten verursachen, im schlimmsten Fall ein Weiterleben unmöglich machen. Die Erkenntnis- und Denkmodelle eines konstruktivistischen Weltbildes sind aus diesem Grund immer dreigliedrig. Zwischen Ursache und Wirkung findet ein Prozess statt, den man sehr anschaulich die »Bedeutungserteilung« nennen kann. Dieser Vorgang der Bedeutungserteilung unterscheidet lebendige Wesen von technischen Maschinen. Die Bedeutungserteilung markiert den Unterschied zwischen einer Medizin als technikverhafteter Naturwissenschaft und einer Medizin als empathischer Humanwissenschaft.

Patient:innen sind Lebewesen, und Ärztinnen und Ärzte sind Lebewesen. Sie treffen nur deswegen aufeinander, weil es bei den Patient:innen zu Krankheit, zu Passungsstörungen gekommen ist. Die ärztliche Aufgabe ist es, die Passungsstörung zu lokalisieren. Fehlt ein Enzym? Sind Organe verändert? Bricht die Familie auseinander? Oder sind vielleicht alle drei Dinge von Bedeutung, gleichzeitig oder nacheinander? Man muss mit Vorsicht und Neugier die individuelle Bedeutungserteilung der Erkrankten kennenlernen wollen, sonst wird die Behandlung misslingen. Das sind alles sehr schwierige Fragen. Deswegen heißt es ja auch Heilkunst. Das ist der Versuch, sich in die individuellen Vorgänge der Bedeutungserteilung einzufühlen. Zu diesem Zweck müssen das Lebewesen Patient und das Lebewesen Arzt miteinander kommunizieren – ein äußerst einmaliger, individueller Vorgang. Individualität aber ist nicht industrialisierbar, ohne dabei vollständig verloren zu gehen.

Es mag seltsam anmuten, in einer politischen Gedankensammlung über das Gesundheitswesen plötzlich in theoretische und philosophische Gefilde entführt zu werden. Aber das ist der eigentliche Kern der Medizin: das Menschenbild.[2] Und das ist genau das, was der Medizin abhandenkommt und bald ganz fehlen wird. Vielleicht war genau das gemeint, wenn die Medizinalverordnung des Stauferkaisers Friedrich II. schon im Jahr 1240 für die Ausbildung zum Arzt vorschrieb, dass keiner Medizin studieren solle, »wenn er nicht mindestens drei Jahre Logik studiert« habe.[3] Die Logik war traditionell immer ein Teil der Philosophie. Das wäre eine wirkliche Reform des Medizinstudiums, wenn es neben dem Physikum auch ein Philosophicum beinhalten würde.

Oxymoron

Was hat das nun mit der Industrialisierung des Gesundheitswesens und der Kommerzialisierung der Humanmedizin zu tun? Eine Humanmedizin, die das Individuum Patient und die Existenz seines Schicksals ernst nehmen will, wird selbstverständlich scheitern in einem politischen Kontext, in dem aus dem Gesundheitswesen ein profitabler Wirtschaftsbereich gemacht wird. Für eine funktionierende, also eine profitable Gesundheitswirtschaft muss der Mensch auf ein technisches, ein zweigliedriges Ursache-Wirkungs-System reduziert werden, sonst kann er nicht zum Objekt von Standardisierung, von Digitalisierung, von Behandlungsprogrammen und Kontrollsystemen werden. Das gilt übrigens nicht nur für den Mensch Patient, sondern ganz genauso auch für den Mensch Arzt. Wirtschaftssysteme können mit Lebewesen nur umgehen, wenn sie ihnen die Gestalt von Waren geben können – das ist in der Massentierhaltung auch nicht anders. Und so sind wir über die Philosophie wieder bei der Privatisierung und der Industrialisierung angelangt.

Der Kontext der rasanten Industrialisierung unseres gesamten Gesundheitswesens steht in einem eklatanten und unauflösbaren Widerspruch zu einer Humanmedizin, die diesen Namen verdient. Der Freiburger Medizinethiker Giovanni Maio hat das schon vor vielen Jahren im Deutschen Ärzteblatt[4] mit diesen Worten komprimiert: entweder Bedingungslosigkeit der Hilfe oder Rentabilität der Leistung; entweder Unverwechselbarkeit des Patienten oder standardisierte Verfahren; entweder ganzheitliche Betrachtung des Patienten oder seine Zerlegung und Fraktionierung; entweder Vertrauensverhältnis oder Vertragsverhältnis; entweder ärztliche Profession oder angestellt in einem Industriekomplex; entweder fürsorgliche Praxis oder marktförmige Dienstleistung. Oder wie es der berühmte Arzt und Nobelpreisträger Bernard Lown formuliert hat: »Ein profitorientiertes Gesundheitswesen ist ein Oxymoron, ein Widerspruch in sich. In dem Augenblick, in dem die Fürsorge dem Profit dient, hat sie die wahre Fürsorge verloren.«[5] Es geht nur das eine oder das andere. Beides zugleich kann man nicht haben. Medizin ist Beziehungsarbeit. Dafür ist in der Kommerz-Medizin kein Platz. Ärztliche Kunst kann nicht selten bedeuten, nichts zu tun. Das verträgt sich ganz und gar nicht mit einer Bilanz, die auf Taten, auf abrechenbaren Handlungen aufbaut, denn für das Nichtstun gibt es kein Geld, selbst wenn es das Ergebnis allerhöchster ärztlicher Kunst ist. Aber es geht nur noch um Geld.

Das Gesundheitswesen als Wirtschaftszweig deformiert die Medizin zu einer Gelddruckmaschine. Das Interesse gilt Krankheiten, nicht Kranken. Das Interesse gilt schwarzen Zahlen, Gewinnerwartungen, gilt Dividenden für Shareholder. Es gibt natürlich individuelle Versuche, unter der Knute der Börsenorientierung doch noch gute Medizin zu praktizieren, aber die Ärztinnen und Ärzte, die das versuchen, zerreißt es immer mehr. Es ist erschütternd, dass die Überschrift des Leitartikels in einem Februarheft des Jahres 2022 des deutschen Ärzteblattes »Kommerzialisierung: Entmenschlichung der Medizin« heißt. Entmenschlichung! Es wird deutlich, dass »das Grundproblem dabei sei, das nur zähle, was gezählt werden könne. Deshalb sei alles bedroht, was nicht zählbar ist, zum Beispiel das Gespräch mit dem Patienten oder das konservativ-abwartende Begleiten.«[6] Das ist eine Bankrotterklärung der Humanmedizin, eine von vielen. Schuld ist aber nicht die Medizin, sondern schuld ist eine Gesundheitspolitik, die der Medizin den Teppich unter den Füßen wegzieht. Aber das riesige Schiff Gesundheitswesen fährt immer weiter und weiter in eine Richtung, die von Shareholdern, Benchmarksystemen und Aktienkursen vorgeben wird.

Missbrauch

In den vergangenen zwei Jahren ist zu dieser Entmenschlichung der Medizin eine weitere gefährliche Entwicklung hinzugekommen. Ist die Deformation des Gesundheitswesens zu einer Gesundheitswirtschaft an sich schon Katastrophe genug, so hat mit der Corona-Pandemie ein weiterer Prozess eingesetzt, der aus der Sicht der Medizin das Ausmaß einer Tragödie hat. Es wird die Gesundheitswirtschaft zur Ausübung von Macht und Herrschaft missbraucht, eine Entwicklung hin zu einer Gesundheitsherrschaft. Was ist geschehen?

Erstmals wirklich misstrauisch wurde ich, als der Leiter des Gesundheitsamtes Aichach-Friedberg im bayerischen Regierungsbezirk Schwaben, Friedrich Pürner, Ende 2020 seines Amtes enthoben wurde. Er hatte es gewagt, die bayerische Corona-Politik zu kritisieren. Eigentlich hatte er nur darauf hingewiesen, dass es aus epidemiologischer Sicht fragwürdig ist, so einschneidende politische Maßnahmen wie beispielsweise einen Lockdown an der Meldehäufigkeit positiver PCR-Tests, also am Inzidenzwert, zu orientieren. Inzwischen ist das eine weit verbreitete Meinung, aber damals passte sie nicht ins Konzept. Welches Konzept?

Zur gleichen Zeit äußerte ein Mitglied des bayerischen Ethikrates, der Wirtschaftsethiker Christoph Lütge, ebenfalls Kritik an der Corona-Politik, die mit dem Lockdown schwere wirtschaftliche Folgen und gesundheitliche Schäden verursache, außerdem habe sie auch noch psychische und soziale Folgen ungeahnten Ausmaßes. Daraufhin wurde ihm von der bayerischen Staatskanzlei mitgeteilt, dass seine Mitgliedschaft im Ethikrat beendet sei.

Solche Beispiele gab es zur damaligen Zeit noch mehr in der ganzen Bundesrepublik. Es war nicht erwünscht, andere Meinungen zu vertreten als die eine, die von politischen Gremien, die man bis dato noch gar nicht gekannt hatte, beschlossen worden war. Es war die Stunde der Exekutive, der bis dahin unbekannten Institution der Ministerpräsidentenkonferenz. Die Parlamente hatten ausgedient. Sie wurden nur noch zusammengerufen, wenn es galt, wieder und wieder immer weitergehende Ermächtigungen der Exekutive abzusegnen.

Infektionsschutzgesetze

Ein Infektionsschutzgesetz gibt es in Deutschland erst seit dem Jahr 2000. Mit diesem Gesetz wurden alle bisherigen Gesetze und in verschiedenen Gesetzen verstreute Vorschriften zur Seuchenbekämpfung und Infektionsbeherrschung in einem einzigen Gesetz zusammengefasst. Außerdem wurden damit bisherige föderale Regelungen in einer für das ganze Bundesgebiet gleichen Weise vereinheitlicht. Es dauerte dann zwanzig Jahre und es bedurfte einer Pandemie, um dieses Gesetz erstmals zu novellieren: Im März 2020 beschloss der Deutsche Bundestag eine erste Verschärfung des Infektionsschutzgesetzes. Die Bundesregierung konnte nun eine »epidemische Lage von nationaler Tragweite« ausrufen, wenn sie eine »ernsthafte Gefahr für die öffentliche Gesundheit in der gesamten Bundesrepublik Deutschland festgestellt hat«. Damit erhielt der Bundesgesundheitsminister so weitreichende Machtbefugnisse wie nie zuvor.

Im November 2020 wurde das jetzt so genannte »Gesetz zum Schutz der Bevölkerung bei einer epidemischen Lage von nationaler Tragweite« erneut verschärft und enthielt unter anderem die Möglichkeit, Versammlungen zu verbieten, Ausgangsbeschränkungen zu verfügen und Betretungsverbote zu erlassen. In der vorausgegangenen hitzigen Bundestagsdebatte sprachen einige Abgeordnete von einem Freifahrtschein für die Regierung und davon, dass eine Regierung niemals alleine über derart massive Grundrechtseinschränkungen entscheiden dürfe. Dabei versicherte Gesundheitsminister Jens Spahn zum wiederholten Male, dass es keine Pflicht zur Impfung gegen das Coronavirus geben werde. »Hören Sie endlich auf, anderes zu behaupten.«

Die Tinte war noch nicht trocken, da kam es schon fünf Monate später zum »Vierten Gesetz zum Schutz der Bevölkerung bei einer epidemischen Lage von nationaler Tragweite«, mit dem Automatismen von Maßnahmen eingeführt wurden, gesteuert von der Höhe der Inzidenzziffern. Die nur noch gelegentliche Zusammenkunft der Legislative hatte lediglich den einen Zweck: die Kompetenzen und Ermächtigungen[7] der Exekutive – zumeist im Nachhinein – abzusegnen.

Wissenschaft

Neben den Entlassungen und Abmahnungen, mit denen Meinungen systematisch und flächendeckend ausgeschaltet wurden, wenn sie nicht in das Konzept des Gesundheitsministeriums und der Ministerpräsident:innen passten, und neben den hochfrequenten Verschärfungen des Infektionsschutzgesetzes war das dritte Indiz, dass es hier außer um eine Pandemie auch noch um etwas ganz anderes gegangen ist, die systematische Vergewaltigung der Wissenschaft. Der Kritik an den Maßnahmen zur Bekämpfung der Corona-Pandemie wurde immer wieder und zweieinhalb Jahre lang dadurch begegnet, dass die Kritiker vom politischen und wissenschaftlichen Diskurs ausgeschlossen wurden. Seltsamerweise kamen sie auch in den Medien entweder nicht mehr zum Zuge oder wurden massiv angegriffen, ja angefeindet. Als Beispiel kann die Ständige Impfkommission dienen.

Bis Anfang 2020 wusste in der breiten Öffentlichkeit wohl so gut wie niemand, dass es in Deutschland so etwas wie eine Ständige Impfkommission überhaupt gibt. Seither gibt es aber kaum noch eine Nachrichtensendung in Funk und Fernsehen, in der nicht von der Ständigen Impfkommission, der so genannten StIKo, die Rede ist. Die StIKo ist dem Robert-Koch-Institut zugeordnet, welches wiederum dem Bundesministerium für Gesundheit unterstellt ist. Die Aufgaben der StIKo sind gesetzlich festgelegt und bestehen darin, alle wissenschaftlichen Informationen, die im Zusammenhang mit Impfungen von Bedeutung sind, zu sammeln, zu bewerten und in Form von verbindlichen Empfehlungen zu veröffentlichen, was seit 1976 in einem Impfkalender zusammengefasst vorliegt.

Und dann kam Corona. Dem standen nahezu alle Verantwortlichen zunächst hilflos gegenüber, obwohl beispielsweise der Wissenschaftliche Dienst des Deutschen Bundestages schon 2013 das Szenario einer Corona-Pandemie durchgespielt hatte, einschließlich genauer Empfehlungen, wie man sich darauf vorzubereiten habe.[8] Diese Ausarbeitung lag auf dem Schreibtisch aller Abgeordneten und in allen Ministerien. Es hat sie aber niemand ernst genommen.

Nachdem die ersten Schockwellen der Pandemie vorbei waren, kam alsbald Rettung in Sicht: die Impfung. Mit vielen Milliarden Euro unterstützte unsere Regierung die Pharma-Forschungen, und schon nach etwas mehr als einem Jahr standen sogar gleich mehrere Impfstoffe zur Verfügung. Das war die Stunde der StIKo. Sie musste die Impfstoffe nun prüfen und eine Empfehlung aussprechen. Die StIKo braucht normalerweise mindestens zwei Jahre, um ihre Arbeit zu tun, erst recht, wenn es sich um Impfstoffe auf der Basis einer völlig neuen Technologie handelt. Aber während der aufgeheizten Corona-Impfdebatte konnte man immer wieder erstaunt zur Kenntnis nehmen, dass Ministerpräsident:innen, Gesundheitsminister:innen, sogar der Bundestagspräsident die StIKo für ihre »Trägheit« scharf kritisierten und unter Druck setzten. Der Gesundheitsminister von Baden-Württemberg, Manfred Lucha (Grüne), forderte sogar eine Auflösung der StIKo und Einordnung unter die politischen Vorgaben eines Bundesgesundheitsamtes. Schließlich habe die Europäische Arzneimittelagentur EMA den Impfstoff längst für Kinder ab fünf Jahren zugelassen, während die StIKo immer noch nachdenken würde. Der EMA waren nämlich Studien mit weniger als 3000 geimpften Kindern aus den USA ausreichend, der StIKo aber nicht. Sie verlangte nach mehr Daten für ihre Entscheidung. Die Wissenschaft wurde und wird von der Politik seit Corona an die Wand gedrückt und überrollt, sofern sie dem politischem Kalkül im Wege steht. Eigentlich unverhandelbare Kriterien der normalen wissenschaftlichen Arbeit wurden und werden mehr und mehr missachtet. Im Fall der Corona-Impfstoffe ist sogar noch sehr viel mehr Sorgfalt als üblich nötig, denn die Impfstoffhersteller waren von jeder Produkthaftung befreit worden. Die StIKo ist eigentlich dazu da, vor unerwünschten Wirkungen von Impfungen zu schützen. Seit Corona wird alles versucht, sie dazu zu zwingen, die politischen Entscheidungen wissenschaftlich zu stützen. Tut sie das nicht, wird sie scharf angegriffen. Die fatale Suggestion besteht dabei darin, dass es in der Wissenschaft eine einzige richtige Erkenntnis, eine Wahrheit gäbe. Wissenschaft war bisher aber das Gegenteil. Es gibt in der Wissenschaft immer viele, teilweise sogar gegensätzliche Erkenntnisse, und die Wissenschaft ist der Diskurs über die Gegensätze, hin und her, rauf und runter, vor und zurück, nie endend. So etwas ist für Politik nicht brauchbar. Mit einer solchen Wissenschaft kann sie nichts anfangen.

Gesundheitsherrschaft

Diese drei Beispiele aus verschiedenen gesellschaftlichen Bereichen zeigen, dass in unserer Gesellschaft auf der Bühne der Pandemie-Beherrschung etwas aus den Fugen geraten ist. Misstrauen gegenüber der immer mächtiger werdenden Exekutive ist angebracht, die kritische Fachleute systematisch vom Diskurs des Mainstreams ausschließt, die Gesetze in rascher Folge Schritt für Schritt verschärft und die sich die eine Wissenschaft aussucht, die ihr passt.[9] Es ist der Exekutive in den vergangenen zwei Jahren phasenweise gelungen, unkontrolliert Herrschaft auszuüben. Zum Glück haben die demokratischen Institutionen diese Exzesse inzwischen wieder eingefangen.

Wenn man sich vorstellt, dass erfolgsorientierte Bezahlsysteme immer mehr überhandnehmen werden (Pay for Performance), dass Krankenversicherungen, Krankenhäuser und Arztpraxen immer umfassender, horizontal und vertikal zu Renditeobjekten von Großkonzernen werden, dass die Pharmaindustrie ihre ungeheuren Profite immer zügelloser einfährt und mit ihrer Macht und Lobbyarbeit die Gesundheitspolitik maßgeblich bestimmt, dass die Digitalisierung zu einer immer genaueren Erfassung und Auswertung von personalen Alltagsdaten führt, einschließlich derer, die mit Gesundheit und Krankheit zu tun haben, dann müssen spätestens jetzt alle Alarmglocken läuten.

Aber bei Corona konnten wir erleben, wie Meinungsvielfalt bestraft wurde, wie aus dem Diskurs eine Einbahnstraße wurde, wie Wissenschaft instrumentalisiert wurde. Und damit stand erstmals die Gefahr im Raum, dass das Gesundheitswesen und die Medizin als Herrschaftsinstrumente missbraucht werden. Wenn aus dem Gesundheitswesen eine Gesundheitswirtschaft wird, ist das schlimm genug. Widerstand ist angesagt. Wenn aber der nächste Schritt, der zu einer Gesundheitsherrschaft führen kann, am Horizont aufscheint, ist nicht mehr allein das Gesundheitswesen in Gefahr. Dann ist die Gesundheitspolitik nur noch eine Tragödie und Teil eines größeren Plans. Dann geht es nicht mehr um Medizin, nicht mehr um Kranke und Krankheiten. Dann ist eines der wichtigsten Fundamente unserer Gesellschaft bedroht.

8 Wie könnte das Gesundheitswesen der Zukunft aussehen?

Das Gesundheitswesen ist Teil der staatlichen Daseinsvorsorge. Seine Finanzierung basiert auf dem Solidaritätsprinzip. Jede und jeder sind krankenversichert in einer einzigen allgemeinen Bürgerversicherung. Die Beiträge werden allein nach der individuellen Wirtschaftskraft erhoben, ohne Ansehen des Gesundheitszustandes oder des Lebensstiles. Private Zusatzversicherungen sind uneingeschränkt möglich.

Diagnostik und medizinische Maßnahmen ergeben sich allein aufgrund medizinischer Notwendigkeiten. Daher muss die konkrete medizinische, ärztliche und pflegerische Arbeit, ambulant und stationär, von finanziellen Anreizen und von ökonomischem Diktat frei bleiben.

Ein flächendeckender nationaler Krankenhausplan unterscheidet zwischen kleinen, mittleren und großen Krankenhäusern sowie Universitätskliniken. Mit diesem Plan wird zwischen wohnortnaher Grundversorgung und hochspezialisierter Maximalversorgung alles abgedeckt. Auf diese Weise ist für alle Bürger:innen in der Stadt und auf dem Land jederzeit die bestmögliche medizinische Versorgung sichergestellt. Diagnosegestützte Bezahlsysteme, sogenannte DRGs, werden abgeschafft. Krankenhäuser werden stattdessen gemäß ihrem Auftrag pauschal finanziert. Eine Einzelleistungsvergütung findet nicht statt.

Die alleinige Betriebsform aller Krankenhäuser ist die Gemeinnützigkeit. Soweit private Investoren Krankenhäuser besitzen, sind sie dazu verpflichtet, jeden Gewinn aus dem Krankenhausbetrieb zu reinvestieren. Eine Entnahme von Geldern zum Zwecke der Dividendenzahlung ist Diebstahl am Gemeineigentum und wird strafrechtlich verfolgt. Outsourcing wird auf ein Minimum zurückgeschraubt, sofern eine entsprechende Eigenleistung nicht möglich ist.

Die Trennung zwischen ambulanter und stationärer Medizin wird aufgehoben. Im ambulanten Bereich findet eine Entbudgetierung statt. Die Vergütung ambulanter und stationärer diagnostischer und operativer Leistungen wird angeglichen. Wo immer möglich, wird auch im ambulanten Bereich eine pauschalierte Vergütung angestrebt.

Für medizinisches Personal, ob im ambulanten oder stationären Bereich, werden eine angemessene Bezahlung und lebensbejahende Arbeitszeiten gewährleistet. Tarifverträge gelten für alle Beschäftigten und können nicht willkürlich verlassen werden.

Im Bereich der Pharmaka wird eine verbindliche Positivliste erstellt. Die Verwendung nicht gelisteter Medikamente bedarf der Genehmigung. Pharmazeutische Forschung findet an materiell und personell gut ausgestatteten Universitäten statt, wo auch die zugehörigen Patente generiert werden. Diese können zur industriellen Verwertung verkauft werden. Im Falle großer nationaler oder globaler Gesundheitskrisen wie einer Pandemie werden alle zugehörigen Patente national oder global auf Zeit außer Kraft gesetzt.

Die Digitalisierung des Gesundheitswesens wird vorangetrieben, soweit sie die Kommunikation verbessert und zum Nutzen der Patient:innen eingesetzt werden kann. Voraussetzung für die Implementierung von E-Health-Anwendungen ist der erfolgreiche Aufbau von E-Government, damit E-Health ein Teil davon werden kann. Die Technologie kommt ohne zentrale Sever aus, sondern arbeitet ausschließlich mit modernen Netzwerkkonzepten wie Blockchain. Die Datenhoheit liegt ausschließlich bei den Patient:innen. Ein Missbrauch von E-Health-Anwendungen zur Überwachung, Ausforschung oder Verfolgung Einzelner muss ausgeschlossen sein.

Die Klimaneutralität ist ein Ziel, das bei allen medizinischen Maßnahmen mitbedacht werden muss. Müllvermeidung, Energieeinsparung und Wiederaufbereitung sind selbstverständlich.

Niemals darf die Medizin als Herrschaftsinstrument missbraucht werden. Sie muss nach aktuellen Forschungsergebnissen evidenzbasiert sein und allein dem erkrankten Individuum dienen.

9 Wo kann ich mitmachen?

Die Gruppen und Organisationen, die hier mit ihrer Homepage aufgeführt werden, sind für meine Anliegen wichtig, zukunftsorientiert und sympathisch. Auf deren Seiten finden sich Links zum Weitersurfen und zum Aufspüren weiterer wichtiger Gruppen und Organisationen.

medico international:
https://www.medico.de

Gemeineigentum in BürgerInnenhand:
https://www.gemeingut.org

Die Gesundheitswesen:
https://www.diegesundheitswesen.de

Thure von Uexküll-Akademie:
https://uexkuell-akademie.de

Akademie Menschenmedizin:
https://www.menschenmedizin.com

Verein demokratischer Ärztinnen und Ärzte:
https://www.vdaeae.de

Attac AG Soziale Sicherungssysteme:
https://www.attac.de/kampagnen/gesundheit-ist-keine-ware/startseite-gesundheitskampagne

Deutsche Sektion der Internationalen Ärzt*innen für die Verhütung des Atomkrieges/Ärzt*innen in sozialer Verantwortung e. V. (IPPNW):
https://www.ippnw.de/startseite.html

Bunte Kittel:
https://www.bunte-kittel.de

mezis (Mein Essen zahle ich selbst):
https://mezis.de

Digitalcourage:
https://digitalcourage.de

Aktion: Stoppt die e-card:
https://www.stoppt-die-e-card.de/

BUKO Pharma-Kampagne:
https://www.bukopharma.de/de/

Peoples Health Movement (PHM):
https://phmovement.de

Pinkstinks:
https://pinkstinks.de

Medizin und Menschlichkeit:
https://medizinundmenschlichkeit.de

Gesundheitsdaten in Gefahr:
https://www.gesundheitsdaten-in-gefahr.de

LobbyControl:
https://www.lobbycontrol.de

Anmerkungen

1 Worum es geht
1 Karl Marx und Friedrich Engels: Manifest der Kommunistischen Partei (von 1848). Reclam 1969, Universal Bibliothek Nr. 8323, S. 27.
2 Ebenda, S. 26.
3 Heribert Prantl, Newsletter vom 24.10.2021: Prantls Blick – Die politische Wochenvorschau.

2 Geld
1 «Es geht nur noch ums Geld». Der Spiegel 52, 2006.
2 Die folgenden historischen Darstellungen beruhen auf: J. H. Donhoff: Der Arzt und sein Honorar im Wandel der Zeit. Sanssouci Verlag, Zürich 1968. Und W. Beck: Der Arzt und sein Honorar – einst und heute. Chirurg BDC 29, Heft 12, 177, 1990.
3 Wolfgang U. Eckart: Geschichte der Medizin. Springer, 1994, 2. Auflage, S. 89.
4 OLG Koblenz vom 18. Juni 2009, AZ 5 U 319/09.
5 OLG Nürnberg vom 8. Februar 2008, AZ 5 U 1795/05.
6 F. Burgdorf, S. Kleudgen und F. Diel: Wege zur qualitätsorientierten Vergütung. Deutsches Ärzteblatt 106, 2190, 2009.
7 Juli Zeh: Corpus Delicti – Ein Prozess. Schöffling Verlag, Frankfurt am Main, 5. Auflage, 2009.
8 Bernd Hontschik und Wolf-Joachim Stelter: Bemerkungen zur Praxis der Appendektomie. Chirurg 61, 906, 1990.
9 https://www.bmas.de/DE/Soziales/Teilhabe-und-Inklusion/Persoenliches-Budget/Fragen-und-Antworten/faq-persoenliches-budget.html (letzter Abruf 25.2.2022).

3 Krankenkassen
1 Stenographische Berichte über die Verhandlungen des Reichstags. V. Legislaturperiode – Erste Session 1881/1882. Eröffnungssitzung, 17. November 1881. Berlin, Buchdruckerei der Norddeutschen Allgemeinen Zeitung, 1882, S. 1–3. Faksimiliert auf: www.reichstagsprotokolle.de.
2 https://www.tagesschau.de/multimedia/sendung/tt-7479.html (letzter Abruf 9.1.2022).
3 Thomas Fromm: Was der Auftritt von VW-Chef Diess über die Autobranche sagt. Süddeutsche Zeitung, 29.4.2020.
4 Antwort der Bundesregierung auf die Kleine Anfrage der Abgeordneten Harald Weinberg u. a. der Fraktion Die Linke, Drucksache 17/8832. Deutscher Bundestag, 17. Wahlperiode. Drucksache 17/9213 vom 28.3.2012.

5 Lübecker Nachrichten online. https://www.ln-online.de/Nachrichten/Norddeutschland/Umgang-mit-Impfgegnern-Draeger-Chef-fordert-Verzicht-auf-Behandlung (letzter Abruf 10.2.2022).
6 Jahrespressegespräch des Bundessozialgerichts, Pressemitteilung 5/2022 vom 8. Februar 2022. Und:
https://www.hessenschau.de/gesellschaft/umstrittener-vorschlag-sollen-ungeimpfte-an-corona-behandlungskosten-beteiligt-werden,ungeimpfte-bundessozialgericht-100.html (letzter Abruf 14.2.2022).
7 https://www.fr.de/politik/gruene-kritik-corona-boris-palmer-beugehaft-schlagstoecke-massnahmen-querdenker-rentenzahleung-91199562.html (letzter Abruf 19.2.2022).
8 Angelika Luderschmidt: Der »Aids-Krieg« und die Insel der Infizierten. Die Welt, 16.11.2011.
https://www.welt.de/fernsehen/article13720033/Der-Aidskrieg-und-die-Insel-der-Infizierten.html (letzter Abruf 2.3.2022).
9 Kassian Stroh: Als die CSU in den Krieg gegen AIDS zog. Süddeutsche Zeitung, 24.2.2012.
https://www.sueddeutsche.de/bayern/massnahmenkatalog-gegen-hiv-als-die-csu-in-den-krieg-gegen-aids-zog-1.1292107 (letzter Abruf 2.3.2022).
10 https://www.bertelsmann-stiftung.de/de/themen/aktuelle-meldungen/2020/februar/duales-system-kostet-mitglieder-der-gesetzlichen-krankenversicherung-bis-zu-145-euro-pro-jahr#link-tab-158487-10 (letzter Abruf 11.1.2022).
11 Nora Schmidt-Sausen: US-Gesundheitssystem. Deutsches Ärzteblatt 106 A, 21.12.2009, S. 2545 ff.
12 Christoph Kübel: BKK gründen: eine Win-win Situation. www.bkv-verein.de/bkk-greunden/ (letzter Abruf 10.1.2022).
13 Jakob Eich: Die ökonomische Seite des werksärztlichen Dienstes. Werksärztliches, Heft 3, 1968, S. 30 ff. Und: Jakob Eich: Studie zur Wirtschaftlichkeit eines werksärztlichen Dienstes. In: Carl Wenzel: Der Werksarzt, Notwendigkeit und Nutzen. Köln 1967, S. 44 ff., zitiert nach Hans-Ulrich Deppe: Industriearbeit und Medizin – Zur Soziologie medizinischer Institutionen. Fischer Athenäum, Frankfurt 1973, S. 146 ff.
14 Jakob Eich (1924–2002) war Leiter des Gesundheitsdienstes und der Arbeitssicherheit der Ford Werke in Köln und publizierte 1967 die erste Grundsatzstudie zur Wirtschaftlichkeit eines Werksärztlichen Dienstes in Deutschland, noch vor In-Kraft-Treten des Arbeitssicherheitsgesetzes. Zit. nach www.aerzteblatt.de/archiv/31031/Gestorben.
15 Richard Reckmann: Rezension von Carl Wenzel, a.a.O. In: Das Argument 15, Heft 76, März 1973. Argumente für eine soziale Medizin IV, S. 230.
16 Eine kleine Ironie dieser Abkürzung sei am Rande erwähnt: MRSA bedeutet außerdem auch Multiresistenter Staphylococcus aureus, ein durch seine Resistenz gegen nahezu alle bekannten Antibiotika in höchstem Maß gefährlicher Krankenhauskeim.
17 Dieses Upcoding genannte Betrugssystem findet seit der Einführung des diagnosebezogenen Rechnungswesens (DRG) in den Krankenhäusern in noch viel größerem Umfang statt.
18 Eine ausführliche Darstellung des juristischen Sachverhalts findet sich auf https://www.strafrecht.hamburg/medizinstrafrecht/upcoding-arzt-strafbar/?gclid=EAIaIQobChMIspPI8LCB9gIVmOF3Ch3bBQEWEAAYASAAEgLOjvD_BwE (letzter Abruf 15.2.2022).
19 Marvin Oppong: Betrugsverdacht bei der Barmer. Spiegel online, 14.4.2018. https://www.spiegel.de/wirtschaft/unternehmen/barmer-gek-verdacht-auf-betrug-und-bestechung-bereits-durchsuchungen-a-1202839.html (letzter Abruf 15.2.2022).

Anmerkungen

4 Krankenhäuser

1. https://www.handelsblatt.com/archiv/guttenberg-familie-gibt-ihre-anteile-vollstaendig-ab-hypovereinsbank-engagiert-sich-bei-rhoen-klinikum/2149384.html?ticket=ST-12961614-5wERWvybaAqpxYG0O0IX-ap6 (letzter Abruf 15.2.2022).
2. may/EB: Krankenhäuser – Investitionskostenfinanzierung weiter mangelhaft. Deutsches Ärzteblatt 119-B, Heft 4, 28.1.2022, S. 93.
3. Eine konzentrierte Darstellung der ökonomischen Situation und Zukunftsperspektiven der Krankenhäuser unter dem Regime der DRGs findet sich in: Volker Penter u. a.: Zukunft deutsches Krankenhaus. 3. Aufl., Mediengruppe Oberfranken 2014.
4. Gekürzt nach https://www.bunte-kittel.de (letzter Abruf 7.3.2022).
5. Hartmut Reiners, persönliche Mitteilung.
6. »Privatisierung der Hochschulmedizin gescheitert«. Pressemitteilung der Arbeitsgruppe Hochschulmedizin des Deutschen Hochschulverbandes vom 16. Juli 2013 (letzter Abruf am 31.8.2013).
7. https://www.aerztezeitung.de/Nachrichten/Drese-wird-neue-Gesundheitsministerin-in-Mecklenburg-Vorpommern-424449.html (letzter Abruf 15.2.2022).
8. Falk Osterloh: Die Entmenschlichung der Medizin. Deutsches Ärzteblatt 119, Heft 6, 11.2.2022, S. 213 ff.
9. Eine sehenswerte Videodokumentation der Tagungsbeiträge von Gerd Antes, Walter Plassmann, Silke Lüder und Dirk Wachendorf findet sich auf https://freie-aerzteschaft.de/kongress-freier-aerzte-berlin-2021/. Siehe auch: Walter Plassmann: Auszeit. KV Hamburg fordert ein Moratorium für die Gründung von MVZs. KVH Journal 10/2021, S. 9 ff.

5 Gier

1. PricewaterhouseCoopers AG und Martin-Luther-Universität Halle: Wirtschaftskriminalität – Pharmaindustrie. Frankfurt am Main/Halle an der Saale, April 2013.
2. Denis G. Arnold, Oscar Jerome Stewart, Tammy Beck: Financial Penalties Imposed on Large Pharmaceutical Firms for Illegal Activities. JAMA 2020; 324(19): 1995–1997. doi:10.1001/jama.2020.18740.
3. Bettina Jung: Goldman Sachs – Heilung ist schlecht fürs Geschäft. Deutsche Apotheker Zeitung April 2018. https://www.deutsche-apotheker-zeitung.de/news/artikel/2018/04/16/goldman-sachs-heilung-ist-schlecht-fuers-geschaeft/chapter:1 (letzter Abruf 22.1.2022).
4. Kölnische Rundschau, 8.5.2021.
5. https://www.spiegel.de/ausland/corona-pandemie-experten-warnen-vor-neuen-corona-mutationen-aus-afrika-a-ece06482-3f49-4c17-95cc-eafa8832508d (letzter Abruf 19.1.2022).
6. Inzwischen scheint unter dem erheblichen internationalen Druck etwas nachzugeben und hat immerhin zugesagt, in besonders armen Ländern auf die Durchsetzung der Patentrechte zu verzichten, sofern die produzierten Impfstoffe ausschließlich dort verwendet werden. In: Pamela Dörhöfer: Moderna entwickelt Impfstoffe gegen 15 Krankheiten. Frankfurter Rundschau, 9.3.2022, S. 17.
7. Marco Evers: Ein Moderna-Klon aus Afrika. Der Spiegel, 8.3.2022.
8. Siegfried Hofmann: Reaktion auf Patent-Debatte: Biontech und Moderna bauen Werke in Afrika.
Biontech und Moderna rüsten sich für die Zeit nach Covid. Die mRNA-

Spezialisten reagieren mit dem rapiden Ausbau ihrer globalen Produktionsstrukturen. Handelsblatt, 2.11.2021.
9 Nicola Kurth: Es geht doch billiger. Erstmals sinken die Ausgaben für Arzneimittel, die Pharmabranche ist alarmiert. Zeit online, 29.9.2011.
10 https://www.youtube.com/watch?v=DCy1D1HGeeA (letzter Abruf 9.11.2021).

6 Digitales

1 AGCS-Cyberexperte Jens Krickhahn in: Thomas Magenheim: Die Angst vor Hackern steigt – Die Allianz lehnt Versicherungsschutz mittlerweile oft ab. Frankfurter Rundschau, 18.1.2022.
2 Ein weiteres Argument gegen zentrale Server ist der Klimaschutz. Unter den europäischen Städten mit der größten Cloud-Rechenleistung lag Frankfurt am Main im Jahr 2020 mit 510 Megawatt hinter London auf dem zweiten Platz. Die Internet- und Computernutzung verursacht fast so viel klimaschädliches CO_2 wie der gesamte internationale Luftverkehr. Im Koalitionsvertrag der Bundesregierung vom Dezember 2021 heißt es dazu: »Wir werden Rechenzentren in Deutschland auf ökologische Nachhaltigkeit und Klimaschutz ausrichten.« Mit dem Aufkommen der Blockchaintechnologie wird dieses Problem noch größer (siehe Anmerkungen 72/73).
3 Im digitalen Bereich ist man sehr findig im Erfinden von täuschenden, verharmlosenden, mitunter auch verlogenen Euphemismen. So ist zum Beispiel unverständlich, wie Facebook, Instagram und Co. zu der Bezeichnung »soziale« Netzwerke kommen. Genauso gut könnte man sie auch als unsoziale oder asoziale Netzwerke bezeichnen, wenn man das Unheil betrachtet, das mit ihnen angerichtet werden kann. Und auch mit der elektronischen »Gesundheits«-Karte ist ein absurdes Framing der Begrifflichkeit gelungen. Mit Gesundheit hat die Karte ja offensichtlich nichts zu tun.
4 http://hessenschau.de/wirtschaft/real-supermaerkte-scannen-kundengesichter-zur-werbe-optimierung,real-werbung-gesichtserfassung-100.html (letzter Abruf 1.6.2017).
5 https://owletcare.de/products/owlet-smart-sock?gclid=EAIaIQobChMI-qq7hMeu9gIVTePmCh29lQigEAAYASAAEgJL-_D_BwE&gclsrc=aw.ds (letzter Abruf 5.3.2022).
6 https://www.deinkuechenplaner.de/blog/smarter-kuehlschrank/ (letzter Abruf 16.12.2021).
7 Juli Zeh: Corpus delicti, Schöffling 2009.
8 J. Otto, L. Jurzik, M. Schneider et al.: Entwicklung und Validierung von molekularbiologischen PCR-Methoden zum quantitativen Nachweis von hygienerelevanten Bakterien und Viren im Wasser. DVGW energie/wasserpraxis EWP 10/2015: 58–62.
9 Sandra Westhaus: SARS-CoV-2-Viren im Abwasser. Deutschlandfunk, 26.8.2020. https://www.deutschlandfunk.de/sars-cov-2-viren-im-abwasser-forscherin-werkzeugkasten-zur-100.html (letzter Abruf 20.12.2021).
10 Katalyn Rossmann, Rüttger Clasen et al: SARS-CoV-2 crisis management with a wastewater early-warning system in the Bavarian district of Berchtesgadener Land, Germany. https://www.aerzteblatt.de/treffer?mode=s&wo=1041&typ=16&aid=219989&s=Berchtesgadener&s=land (letzter Abruf 2.1.2022).
11 Omikron im Münchner Abwasser nachgewiesen. Spiegel online, 21.12.2021. https://www.spiegel.de/wissenschaft/mensch/corona-omikron-im-muenchner-abwasser-nachgewiesen-a-fd093514-3b52-413f-b1b8-82381ea5f5f7 (letzter Abruf 21.12.2021).

12 EU Kommission: Commission recommendation on a common approach to establish a systematic surveillance of SARS-CoV-2 and its variants in wastewaters in the EU. C(2021) 1925 final.
13 Cordula Seeger: Abwasserbasierte Epidemiologie – Abwassermonitoring als Frühwarnsystem für Pandemien. Wissenschaftliche Dienste Deutscher Bundestag WD8-3010-059/21, Fachbereich WD87, 14.6.2021.
14 Ralf Euler: Virusjagd in der Kläranlage. Frankfurter Allgemeine Sonntagszeitung Nr. 35, 5.9.2021.
15 Annette Schlegl: Erste zukunftsfähige Kläranlage. Frankfurter Rundschau, 17.2.2022. Und
Pamela Dörhöfer: Neue Varianten schnell im Abwasser entdecken. Frankfurter Rundschau, 8.3.2022.
16 Die Datenschützer Rhein Main: Videoüberwachung durch die Polizei auf Straßen und Plätzen. https://ddrm.de/videoueberwachung-durch-die-polizei-auf-strassen-und-plaetzen-aktuell-298-kameras-in-20-staedten-in-hessen/ (letzter Abruf 19.2.2022).
17 Tamara Anthony und Reese Lee: Wenn der Roboter nach Oma schaut. ARD, Weltspiegel, 6.11.2021. https://www.daserste.de/information/politik-weltgeschehen/weltspiegel/reportage/sendung/wenn-der-roboter-nach-oma-schaut-106.html (letzter Abruf 30.12.2021).
18 Andreas Sträter: Wie China seine Bürgerinnen und Bürger mit einem Punktesystem kontrollieren will – China ist auf dem Weg zur totalen Überwachung. https://www.quarks.de/gesellschaft/wie-china-seine-buerger-mit-einem-punktesystem-kontrollieren-will/ (letzter Abruf 2.1.2022).
19 https://www.derstandard.de/story/2000132224520/china-stellt-menschenschmuggler-wegen-corona-verstoss-an-den-pranger (letzter Abruf 3.1.2022).
20 Jens Spahn, Markus Müschenich und Jörg F. Debatin: App vom Arzt – Bessere Gesundheit durch digitale Medizin. Herder 2016, S. 7.
21 https://daserste.ndr.de/panorama/archiv/1999/Toedliche-Nebenwirkungen-20000-Opfer-durch-Medikamente,erste7222.html (letzter Abruf 21.12.2021).
22 Dieter Korczak: Digitalisierung, Coronapandemie und die Folgen des Lockdowns. chirurgische praxis 89, Heft 1, 2022, S. 16 ff.
23 https://www.statista.com/statistics/881472/worldwide-bitcoin-energy-consumption/.
24 https://www.srf.ch/news/panorama/kryptowaehrungen-warum-braucht-die-bitcoin-blockchain-so-viel-strom (letzter Abruf 6.3.2022), und Florian Zinner: Mehr als ganz Italien. Stromverbrauch macht Bitcoin zum Klimakiller. MDR Wissen: https://www.mdr.de/wissen/stromverbrauch-kryptowaehrung-bitcoin-100.html (letzter Abruf 8.3.2022).
25 Karin Dobberschütz: Ein kleines Land schreibt E-Health groß. Mit einem Interview mit Taavi Einaste (Nortal). Gesundheit und Gesellschaft, Heft 6/2019.

7 Medizin als Herrschaftsinstrument

1 Solange die Corona-Pandemie sich nicht beruhigt hat, befinden sich sämtliche Finanzierungssysteme des Gesundheitswesen im Ausnahmezustand und nicht in einer normalen Entwicklung, daher können sie zurzeit nicht für Vergleiche herangezogen werden.
2 Eine umfassende Einführung in das Menschenbild der Integrierten Medizin Thure von Uexkülls findet sich in: Bernd Hontschik, Werner Geigges und Wulf Bertram: Auf der Suche nach der verlorenen Kunst des Heilens – Bausteine einer Integrierten Medizin. Schattauer 2012.

3 Wolfgang U. Eckart: Geschichte der Medizin. Springer, 1994, 2. Auflage, S. 89.
4 Giovanni Maio: Gesundheitswesen: Ärztliche Hilfe als Geschäftsmodell. Dtsch Ärztebl 2012; 109(16): A-804/B-696/C-692.
5 Bernard Lown: Die verlorene Kunst des Heilens – Anleitung zum Umdenken. Suhrkamp, Frankfurt am Main 2004.
6 Falk Osterloh: Kommerzialisierung – Entmenschlichung der Medizin. Deutsches Ärzteblatt 119 (6), 213, 2022.
7 Die Assoziation zum Ermächtigungsgesetz Hitlers ist an dieser Stelle weder erwünscht noch gewollt, aber das Wort Ermächtigung kommt in dieser Gesetzesnovellierung so oft vor, dass man es nicht übersehen kann.
8 Risikoanalyse »Pandemie durch Virus Modi-SARS«. In: Deutscher Bundestag, 17. Wahlperiode, Drucksache 17/12051, 03. 01. 2013, Seite 5 f.; und Anhang 4: Risikoanalyse Bevölkerungsschutz Bund, Seite 55 ff.
9 Daraus allerdings so etwas wie eine Verschwörungstheorie basteln zu wollen, ist schon auf den ersten Blick absurd, denn Verschwörer haben ein Plan und ein Ziel. Verschwörer würden niemals so planlos und so konfus handeln wie geschehen.